Génération | pro [ʒenerasjɔ̃ pro]

[nivo debytɑ̃] **niveau** débutants

Aujourd'hui, à midi, je ne suis pas allée au café. [ʒənəsɥipaaleokafe] mais je suis restée au lycée parce que j'ai rencontré Farid [paʀs(ə)kəʒeʀɑ̃kɔ̃tʀefaʀid]. Il a eu une idée super : [ilaynidesypɛʀ] une association de lycéens pour un projet de commerce équitable entre la France et le Maroc : des produits de beauté ! [depʀɔdɥidəbote] Il a déjà écrit son projet. [iladeʒaekʀisɔ̃pʀɔʒɛ] J'ai lu son dossier. J'adore ! [ʒadɔʀ]

Vokabellernheft

Klett

Génération pro | niveau débutants

1. Auflage 1 5 4 3 | 2012 11 10

Alle Drucke dieser Auflage sind unverändert und können im Unterricht nebeneinander verwendet werden. Die letzte Zahl bezeichnet das Jahr des Druckes.

Internetadresse: www.klett.de

Redaktion: Sonia Blin

Gestaltung: Miriam Groh
Umschlaggestaltung: Know Idea GmbH, Freiburg
Illustrationen: Tim Dinter, Berlin; Helga Merkle, Albershausen; Delius, Saint-Quentin; Jürgen Sepp Buchegger, Tübingen; Pawel Miedzinski, Kozieglowy; Sven Palmowski, Barcelona; Myrtia Wefelmeier, Berlin; Christian Dekelver, Weinstadt; Gilles Bonotaux, Paris; Jutta Sailer, Stuttgart; Dorothee Wolters, Köln; David Norman, Meerbusch; Rob Harvey, Cirencester Glos
Druck: AZ Druck und Datentechnik GmbH, Kempten

Printed in Germany.
ISBN 978-3-12-524474-0

alors [alɔʀ]	also; *(hier)* na
être en forme [ɛtʀɑ̃fɔʀm]	fit sein
avec [avɛk]	mit
une **ambiance** [ynɑ̃bjɑ̃s]	eine Stimmung/Atmosphäre
un/une **élève** [ɛ̃nelɛv/ynelɛv]	ein Schüler/eine Schülerin
où [u]	wo; wohin
Euh… [ø]	*Ausdruck des Zögerns*
Qui est-ce ? [kiɛs]	Wer ist das?
madame… [madam]	Frau …
un/une **prof** *(fam.) (= professeur)* [ɛ̃/ynpʀɔf(esœʀ)]	ein Lehrer/eine Lehrerin
le **français** [ləfʀɑ̃sɛ]	Französisch/die französische Sprache
un/une **prof de français** [ɛ̃/ynpʀɔfdəfʀɑ̃sɛ]	ein Französischlehrer/eine Französischlehrerin
elle [ɛl]	sie *(betont)*
un **problème** [ɛ̃pʀɔblɛm]	ein Problem
Non. [nõ]	Nein.
un **garçon** [ɛ̃gaʀsõ]	ein Junge
dans [dɑ̃]	in
une **classe** [ynklas]	eine Klasse
ensemble [ɑ̃sɑ̃bl]	zusammen
en [ɑ̃]	in
la **première** [lapʀəmjɛʀ]	*frz. Klassenstufe (entspricht ungefähr der 11. Klasse)*
Allez ! [ale]	Los!
On y va ! [õniva]	Auf geht's!/Los!
être en retard [ɛtʀɑ̃ʀətaʀ]	spät dran sein/zu spät sein

Atelier A

ce sont… [səsõ]	das sind …
Ça se prononce comment ? [sasəpʀɔnõs(ə)kɔmɑ̃]	Wie spricht man das aus?

Texte B : A la Cour des Loges

un **hôtel** [ɛ̃notɛl]	ein Hotel
entrer *(dans)* [ɑ̃tʀe]	eintreten/betreten/hereinkommen
un **bureau** [ɛ̃byʀo]	ein Büro
mademoiselle… [madmwazɛl]	*Anrede für eine junge Frau*
un **moment** [ɛ̃mɔmɑ̃]	ein Moment

chercher qc/qn [ʃɛʀʃe]	etw./jdn suchen
un **dossier** [ɛ̃dɔsje]	ein Dossier; *(hier)* die Unterlagen
un **apprenti**/une **apprentie** [ɛ̃napʀɑ̃ti/ynapʀɑ̃ti]	ein Auszubildender/ eine Auszubildende
une **cuisine** [ynkɥizin]	eine Küche
un/une **apprenti(e) cuisine** [ɛ̃napʀɑ̃tikɥizin/ynapʀɑ̃tikɥizin]	ein auszubildender Koch/ eine auszubildende Köchin
la **pâtisserie** [lapɑtisʀi]	die Konditorei
un/une **apprenti(e) pâtisserie** [ɛ̃napʀɑ̃tipɑtisʀi/ynapʀɑ̃tipɑtisʀi]	ein auszubildender Konditor/ eine auszubildende Konditorin
Excusez-moi ! [ɛkskyzemwa]	Entschuldigen Sie!/ Entschuldigung!
habiter [abite]	wohnen
une **adresse** [ynadʀɛs]	eine Adresse
un **contrat** [ɛ̃kõtʀa]	ein Vertrag
bien [bjɛ̃]	gut
maintenant [mɛ̃t(ə)nɑ̃]	jetzt
un **travail**/des **travaux** [ɛ̃tʀavaj/detʀavo]	eine Arbeit
Au travail ! [otʀavaj]	An die Arbeit!
un **chef**/une **chef** [ɛ̃ʃɛf/ynʃɛf]	ein Chef/eine Chefin; *(hier)* ein Küchenchef
arriver [aʀive]	kommen/ankommen
encore [ɑ̃kɔʀ]	noch
une **équipe** [ynekip]	ein Team
monsieur... [məsjø]	Herr ...
ici [isi]	hier
d'accord [dakɔʀ]	einverstanden/o.k.
laver qc [lave]	etw. waschen/spülen
les **légumes** *(m., pl.)* [lelegym]	das Gemüse
après [apʀɛ]	danach *(zeitlich)*/später
préparer qc [pʀepaʀe]	etw. vorbereiten/zubereiten
une **entrée** [ynɑ̃tʀe]	eine Vorspeise
Bof ! *(fam.)* [bɔf]	Na ja!/Ach! *(ugs.)*
aimer qn/qc [eme]	jdn/etw. lieben/(gerne) mögen
surtout [syʀtu]	vor allem
d'abord [dabɔʀ]	zuerst/erst
travailler [tʀavaje]	arbeiten
regarder qc [ʀəgaʀde]	etw. (an)sehen/anschauen/ betrachten
écouter qn [ekute]	jdm zuhören

Pour en savoir plus . . .

Sich begrüßen in Frankreich

Mit „**Salut !**" begrüßen und verabschieden sich Freunde untereinander.

Kennt man sich nicht so gut oder grüßt man Erwachsene, so sagt man „**Bonjour !**" Man verabschiedet sich mit „**Au revoir !**"

Sieht man die Leute zum ersten Mal oder befindet man sich in einem beruflichen Kontext, so begrüßt man und verabschiedet man sich mit „**Bonjour monsieur/madame/mademoiselle.**" und „**Au revoir monsieur/madame/mademoiselle.**"

Dans une cuisine

une équipe

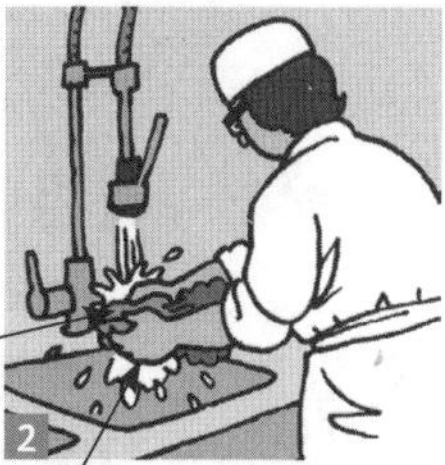

laver les légumes

une entrée

la pâtisserie

Beschriften Sie die Abbildungen und notieren Sie zu jedem Nomen den unbestimmten Artikel.

1

2

3

4

5

6

7

8

Ergänzen Sie die Reihe mit einem Wort, das von der Bedeutung her dazu passt. Ergänzen Sie den Artikel.

_______ bureau	_______ dossier	_______ contrat	_____________
_____ apprentie	_____ pâtisserie	_________ chef	_____________
_________ prof	________ classe	______ français	_____________

Kreuzen Sie die richtige(n) Antwort(en) an.

1. Wie begrüßen Sie einen Lehrer/eine Lehrerin?
   - ▢ Bonjour monsieur.
   - ▢ Salut !
   - ▢ Salut monsieur !
   - ▢ Bonjour madame.

2. Wie fragen Sie, wie es jemandem geht?
   - ▢ Tu es en forme ?
   - ▢ Ça va ?
   - ▢ Tu t'appelles comment ?

3. Wie stellen Sie sich vor?
   - ▢ Je suis…
   - ▢ Voilà…
   - ▢ Moi, c'est…
   - ▢ Je m'appelle…

4. Wie verabschieden Sie sich von einem Freund/einer Freundin ?
   - ▢ Salut !
   - ▢ Au revoir monsieur.
   - ▢ Au revoir mademoiselle.
   - ▢ Au revoir !

Konjugiere Sie die Verben auf *-er* der Lektion und markieren Sie die Endungen. Schreiben Sie den deutschen Infinitiv daneben.

j' aime lieben/gerne mögen
tu a
il/elle/on c
nous é
vous e
ils/elles h
je l
tu p
il/elle/on r
nous t

Leçon 2 : Que font les copains ?

Lernen Sie die Vokabeln immer mit dem Artikel!
Sie können die männlichen Nomen blau,
die weiblichen Nomen rot kennzeichnen.

Accueil

Que font… ? [kəfõ]	Was machen …?
un **copain**/une **copine** *(fam.)* [ɛ̃kɔpɛ̃/ynkɔpin]	ein Freund/eine Freundin
un **parc** [ɛ̃paʀk]	ein Park
une **nuit** [ynnɥi]	eine Nacht
une **gare** [yngaʀ]	ein Bahnhof
un **cinéma** [ɛ̃sinema]	ein Kino
aller [ale]	gehen/fahren

aller : je **vais**, tu **vas**, il/elle/on **va**
nous **allons**, vous **allez**, ils/elles **vont**

discuter [diskyte]	diskutieren/sich unterhalten
chez [ʃe]	zu (einer Person)

Texte A : Les filles cherchent des idées…

une **idée** [ynide]	eine Idee
mercredi *(m.)* [mɛʀkʀədi]	(am) Mittwoch
le **midi** [ləmidi]	der Mittag/mittags
rencontrer qn [ʀɑ̃kõtʀe]	jdn treffen
une **sœur** [ynsœʀ]	eine Schwester
commander qc [kɔmɑ̃de]	etw. bestellen
un **sandwich** [ɛ̃sɑ̃dwitʃ]	ein Sandwich
ne… pas [nəpa]	nicht
aujourd'hui [oʒuʀdɥi]	heute
un **congé** [ɛ̃kõʒe]	ein Urlaub
être en congé [ɛtʀɑ̃kõʒe]	Urlaub haben
demain [dəmɛ̃]	morgen
vendredi *(m.)* [vɑ̃dʀədi]	(am) Freitag
de… à… [de…a]	von … bis …
l'**heure** *(f.)* [lœʀ]	die Uhr/die Uhrzeit
C'est marrant. [sɛmaʀɑ̃]	Das ist lustig.
trop [tʀo]	zu (viel)

Ça ne va pas trop. [san(ə)vapatʀo]	Es geht mir nicht so gut.
pourquoi [puʀkwa]	warum
le **bac** *(fam.) (= baccalauréat)* [ləbak(aloʀea)]	das Abi *(ugs.)*
une **collection** [ynkɔlɛksjõ]	eine Kollektion
la **mode** [lamɔd]	die Mode
un **an** [ɛ̃nɑ̃]	ein Jahr
les **15–20 ans** *(m., pl.)* [lekɛ̃zvɛ̃tɑ̃]	die 15- bis 20-Jährigen
Ben… *(fam.)* [bɛ̃]	Ja …/Tja … *(ugs.)*
facile [fasil]	einfach
l'**Internet** *(m.)* [lɛ̃tɛʀnɛt]	das Internet
sur Internet [syrɛ̃tɛʀnɛt]	im Internet
trouver qc [tʀuve]	etw. finden
tout [tu]	alles
un **supermarché** [ɛ̃sypɛʀmaʀʃe]	ein Supermarkt
une **entreprise** [ynɑ̃tʀəpʀiz]	ein Unternehmen
maman *(f.)* [mamɑ̃]	Mama/Mutti
un **stage** [ɛ̃staʒ]	ein Praktikum
un **service** [ɛ̃sɛʀvis]	eine Abteilung
l'**informatique** *(f.)* [lɛ̃fɔʀmatik]	die Informatik
un **service informatique** [ɛ̃sɛʀvisɛ̃fɔʀmatik]	eine EDV-Abteilung
un peu [ɛ̃pø]	ein bisschen
Zut ! *(fam.)* [zyt]	Mist!/Verflixt! *(ugs.)*

Texte B : … et les garçons cherchent un appartement.

un **appartement** [ɛ̃napaʀtəmɑ̃]	eine Wohnung
une **colocation** *(fam. : une coloc)* [ynkolɔkasjõ]	eine Wohngemeinschaft/ WG *(ugs.)*
visiter qc [vizite]	etw. besichtigen
avoir [avwaʀ]	haben

avoir : j'**ai**, tu **as**, il/elle/on **a**
nous **avons**, vous **avez**, ils/elles **ont**

un **rendez-vous** [ɛ̃ʀɑ̃devu]	eine Verabredung/ein Treffen
avoir rendez-vous [avwaʀʀɑ̃devu]	verabredet sein
un **bureau de tabac** [ɛ̃byʀodətaba]	*Tabakladen, in dem u. a. Zeitschriften verkauft werden.*
Je voudrais… [ʒəvudʀɛ]	Ich möchte …
s'il vous plaît [silvuplɛ]	bitte *(zu jemandem, den man siezt)*
combien [kõbjɛ̃]	wie viel

C'est combien ? [sɛkõbjɛ̃]	Was kostet das?
un **vendeur**/une **vendeuse** [ɛ̃vɑ̃dœr/ynvɑ̃døz]	ein Verkäufer/eine Verkäuferin
un **euro** [ɛ̃nøʀo]	ein Euro
Est-ce que… ? [ɛskə]	*Frageformel*
aussi [osi]	auch
seulement [sœlmɑ̃]	nur
un **centime** [ɛ̃sɑ̃tim]	ein Cent
retourner [ʀətuʀne]	zurückkehren
Que fait… ? [kəfɛ]	Was macht …?
tout à coup [tutaku]	plötzlich
un **portable** [ɛ̃pɔʀtabl]	ein Handy
sonner [sɔne]	klingeln
C'est nul ! *(fam.)* [sɛnyl]	Das ist blöd! *(ugs.)*
une **minute** [ynminyt]	eine Minute
devant [dəvɑ̃]	vor *(örtlich)*
un **immeuble** [ɛ̃nimœbl]	ein Gebäude/Wohnhaus
un/une **propriétaire** [ɛ̃/ynpʀɔpʀijetɛʀ]	ein Vermieter/eine Vermieterin; ein Eigentümer/eine Eigentümerin
à trois [atʀwa]	zu dritt
ou [u]	oder
les **papiers** *(m., pl.)* [lepapje]	die Papiere/die Unterlagen
les **autres** *(m., pl.)* [lezotʀ]	die anderen
la **fac** *(fam.) (= faculté)* [lafak(ylte)]	die Uni *(ugs.)*
un **voyage** [ɛ̃vwajaʒ]	eine Reise
une **agence de voyages** [ynaʒɑ̃sdəvwajaʒ]	ein Reisebüro
Parfait ! [paʀfɛ]	Perfekt!

Atelier B

les **coordonnées** *(f., pl.)* [lekɔɔʀdɔne]	persönliche Angaben
peut-être [pøtɛtʀ]	vielleicht
Tu as quel âge ? [tyakɛlaʒ]	Wie alt bist du?
une **question** [ynkɛstjõ]	eine Frage
poser une question [pozeynkɛstjõ]	eine Frage stellen
J'épèle… [ʒepɛl]	Ich buchstabiere …

Pour en savoir plus...

Die Tageszeiten
le matin, le midi, l'après-midi, le soir, la nuit

Sie kennen schon viele Orte:

un bureau de tabac

un cinéma

une gare

un parc

un lycée

un café

un bureau

une cuisine

un supermarché

Weitere Orte:
une agence de voyages, un appartement, une entreprise, une fac, un hôtel, un immeuble.

Notieren Sie sechs Vokabeln zum Thema *un appartement*.

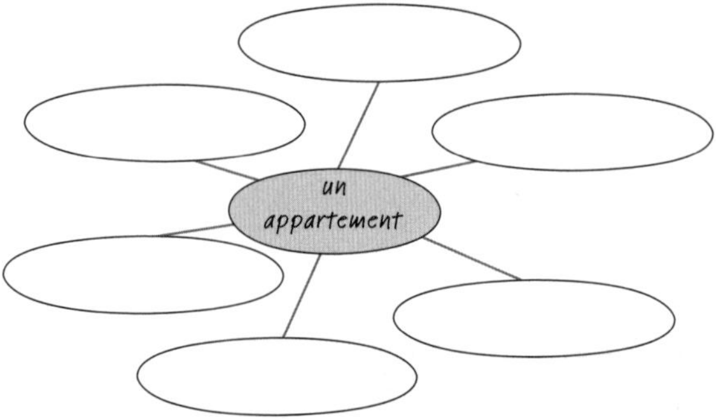

Notieren Sie sieben Nomen aus den Lektionen 1 und 2, deren Genus anders ist als im Deutschen. Ordnen Sie sie der richtigen Spalte zu.

männliche Nomen	weibliche Nomen

Wie sagen Sie, dass . . .

Sie etwas lustig finden?

___

Sie etwas blöd finden?

___

es Ihnen nicht so gut geht?

___

Schreiben Sie auf, wo die Personen hingehen.

Nina et le chef ______________________

____

Nous ______________________

____

Tu ______________________

____

Lucie ______________________

____

Vous ______________________

____

Je ______________________

____

Welches Wort verbirgt sich hinter der Lautschrift?

[tutaku] ______________________

[kõʒe] ______________________

[oʒuʀdɥi] ______________________

[vãdøz] ______________________

Leçon 3 : Les jeunes et les loisirs

Verbinden Sie in Ihrem Kopf die Vokabel – wann immer es möglich ist – mit einem Bild!

un ordinateur

Accueil

un/une **jeune** [ɛ̃/ynʒœn]	ein Jugendlicher/eine Jugendliche
les **loisirs** *(m., pl.)* [lelwaziʀ]	die Freizeit
un **match** [ɛ̃matʃ]	ein Spiel *(beim Sport)*
le **rugby** [ləʀygbi]	das Rugby *(Ballspiel)*
faire qc [fɛʀ]	etw. machen

faire : je **fais**, tu **fais**, il/elle/on **fait**
nous **faisons**, vous **faites**, ils/elles **font**

une **fête** [ynfɛt]	eine Party/Fete
faire la fête [fɛʀlafɛt]	feiern
un **musée** [ɛ̃myze]	ein Museum
un **ordinateur** *(fam. : un ordi)* [ɛ̃nɔʀdinatœʀ]	ein Computer
vous [vu]	ihr *(betont)*
Qu'est-ce que... ? [kɛskə]	Was ...?
une **compagnie** [ynkõpaɲi]	eine Gruppe; *(hier)* eine Tanzgruppe
la **danse** [ladɑ̃s]	der Tanz/das Tanzen
faire de la danse [fɛʀdəladɑ̃s]	tanzen
jeudi *(m.)* [ʒødi]	(am) Donnerstag
un **spectacle** [ɛ̃spɛktakl]	eine Aufführung
téléphoner [telefɔne]	anrufen/telefonieren
la **musique** [lamyzik]	die Musik
l'**athlétisme** *(m.)* [latletism]	die Leichtathletik
le **sport** [ləspɔʀ]	der Sport
le **judo** [ləʒydo]	das Judo
depuis [dəpɥi]	seit
le **roller** [ləʀɔlœʀ]	Rollschuhlaufen/Rollerskaten

Texte A : L'annonce de Radio CANUT

une **annonce** [ynanõs]	eine Anzeige
une **radio** [ynʀadjo]	ein Radio/Radiosender
donner qc à qn [dɔne]	jdm etw. geben
un **magazine** [ɛ̃magazin]	eine Zeitschrift
..., hein ? *(fam.)* [ɛ̃]	... oder?/... nicht wahr?
un **animateur**/une **animatrice** [ɛ̃nanimatœʀ/ynanimatʀis]	ein Moderator/eine Moderatorin

adorer qc [adɔʀe]	etw. lieben/etw. sehr gerne haben
ça [sa]	das
chez [ʃe]	bei
montrer qc à qn [mõtʀe]	jdm etw. zeigen
un **CV** *(= curriculum vitae)* [ɛ̃seve]	ein Lebenslauf
une **lettre de motivation** [ynlɛtʀ(ə)dəmɔtivasjõ]	ein Bewerbungsbrief
expliquer qc à qn [ɛksplike]	jdm etw. erklären

Lernen Sie immer die Verben mit den **Ergänzungen**!

déjà [deʒa]	schon
une **maquette** [ynmakɛt]	*(hier)* eine Demo
C'est quoi ? [sɛkwa]	Was ist (denn) das?
une **interview** [ynɛ̃tɛʀvju]	ein Interview
sur [syʀ]	über
participer à qc [paʀtisipe]	an etw. teilnehmen
une **semaine** [ynsəmɛn]	eine Woche
plus tard [plytaʀ]	später
la **télévision** [latelevizjõ]	das Fernsehen
regarder la télévision [ʀəgaʀdelatelevizjõ]	fernsehen
une **maison** [ynmɛzõ]	ein Haus
à la maison [alamɛzõ]	zu Hause; nach Hause
un **téléphone** [ɛ̃telefɔn]	ein Telefon
Allô ? [alo]	Hallo? *(am Telefon)*
parler (à qn) [paʀle]	(mit jdm) sprechen
C'est moi. [semwa]	Das bin ich.
un **essai** [ɛ̃nesɛ]	eine Probe(aufnahme)

Atelier A

le **vélo** [ləvelo]	das Fahrrad/das Radfahren
faire du vélo [fɛʀdyvelo]	Rad fahren
la **natation** [lanatasjõ]	das Schwimmen
le **ski** [ləski]	das Skifahren
l'**escalade** *(f.)* [lɛskalad]	das Klettern
la **planche à voile** [laplɑ̃ʃavwal]	das Surfen; das Surfbrett
le **basket(-ball)** [ləbaskɛt(bal)]	der Basketball *(als Sportart)*
la **pétanque** [lapetɑ̃k]	das Boule-Spiel
le **kayak** [ləkajak]	das Kajakfahren
l'**équitation** *(f.)* [lekitasjõ]	das Reiten
le **VTT** *(= vélo tout-terrain)* [ləvetete]	das Mountainbiken; das Mountainbike

Texte B : L'émission de Mathieu

une **émission** [ynemisjõ]	eine Sendung
un **technicien**/une **technicienne** [ɛ̃tɛknisjɛ̃/yntɛknisjɛn]	ein Techniker/eine Technikerin
un **studio** [ɛ̃stydjo]	ein Studio
un **micro** *(= microphone)* [ɛ̃mikʀo]	ein Mikro(fon)
un **casque** [ɛ̃kask]	*(hier)* ein Kopfhörer
à droite [adʀwat]	(nach) rechts
un **bouton** [ɛ̃butõ]	ein Knopf
un **jingle** [ɛ̃dʒingœl]	ein Jingle
à gauche [agoʃ]	(nach) links
un **appel** [ɛ̃napɛl]	ein Anruf
rester [ʀɛste]	bleiben
Ça va aller. [savaale]	Es wird (schon) gehen.
une **fréquence** [ynfrekɛ̃s]	eine Frequenz
vite [vit]	schnell
rater qc [ʀate]	etw. verpassen
Chut ! [ʃyt]	Pst!
Bonsoir ! [bõswaʀ]	Guten Abend.
tout le monde [tul(ə)mõd]	alle
une **parole** [ynparɔl]	ein Wort
un **sujet** [ɛ̃syʒɛ]	ein Thema
pendant [pɑ̃dɑ̃]	während
un **job** [ɛ̃dʒɔb]	ein Job
un **numéro** [ɛ̃nymeʀo]	eine Nummer
le **shopping** [ləʃɔpiŋ]	das Shoppen
faire du shopping [fɛʀdyʃɔpiŋ]	shoppen
une **plage** [ynplaʒ]	ein Strand
passer [pase]	(Zeit) verbringen
une **journée** [ynʒuʀne]	ein Tag
une **colonie de vacances** [ynkɔlɔnid(ə)vakɑ̃s]	ein Feriencamp/-lager
la **voile** [lavwal]	das Segeln
un **enfant** [ɛ̃nɑ̃fɑ̃]	ein Kind
une **pause** [ynpoz]	eine Pause
Waouh ! [wau]	Wow!

Atelier B

un **week-end** [ɛ̃wikɛnd]	ein Wochenende
moins [mwɛ̃]	minus
après [apʀɛ]	nach

Pour en savoir plus… – Les loisirs

Um welche Freizeitaktivitäten handelt es sich hier? Vervollständigen Sie die Übersicht.

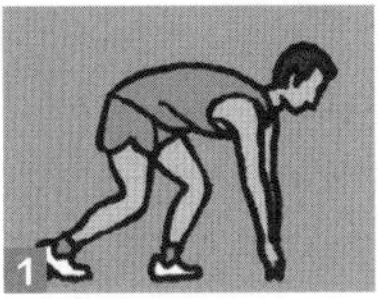

l'a________________

le b________________

la d________________

l'é________________

l'e________________

le j________________

le k________________

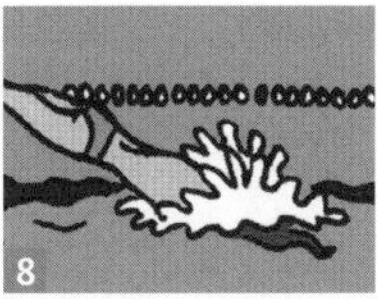

la n________________

la p________________

la p________________

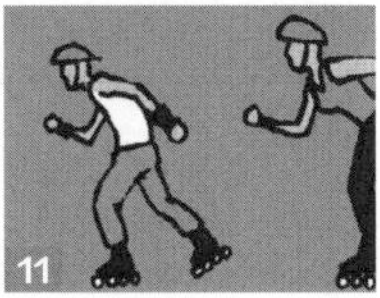

le r________________

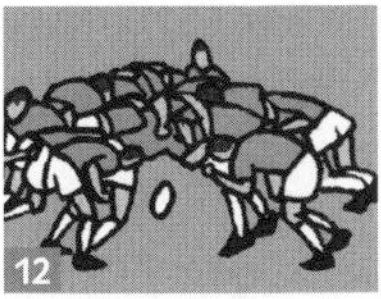

le r________________

le s________________

le v________________

le V________________

Welche Vokabeln zum Thema Radio verstecken sich in der Buchstabensuppe? Schreiben Sie sie auf und übersetzen Sie sie.

QFEENRCEU ______________________ = ______________________

NIMOSESI ______________________ = ______________________

HINCENTCIE ______________________ = ______________________

SUEAQC ______________________ = ______________________

TQTEEEAUM ______________________ = ______________________

VRIETWINE ______________________ = ______________________

IOMRC ______________________ = ______________________

Ergänzen Sie den Text mit den passenden Vokabeln.

Radio CANUT cherche des ____________________.

Mathieu prépare un ____________________ et une lettre de

____________________.

Vendredi, Mathieu fait des ____________________. Le sujet de

l'____________________ : les ____________________ des jeunes.

Mathieu : Alors, ____________________ vous faites après le lycée ?

____________________ vous avez des loisirs ?

Léa : Salut, je ____________________ Léa. Moi, je fais de

l'____________________ et du ____________________.

Et pendant les vacances, je fais de la ____________________.

Bilden mit den folgenden Vokabeln Sätze.

été | filles | ne pas travailler | pendant

____

technicien | montrer | Mathieu | studio

____

Manon | magazine | garçons | donner

____

Alex | problème | expliquer | Nina

____

Erzählen Sie ein bisschen von sich. Sagen Sie, …

wie Sie heißen und wie alt Sie sind.

____

wo Sie wohnen.

____

wie Ihre Telefonnummer/Handynummer lautet.

____

was für Freizeitaktivität Sie haben.

____

was Sie in den Ferien tun werden.

____

____

Leçon 4 : L'appartement

Schreiben Sie die Vokabeln auf **Karteikarten.**
Vorderseite: Französisch. Rückseite: Deutsch

Accueil

mars *(m.)* [maʀs]	März
le 5e *(cinquième arrondissement)* [ləsɛ̃kjɛm]	das 5. Arrondissement *(von Lyon)*
un **étage** [ɛ̃netaʒ]	ein Stockwerk/eine Etage
une **pièce** [ynpjɛs]	ein Zimmer/Raum
une **entrée** [ynɑ̃tʀe]	ein Eingang
un **salon** [ɛ̃salɔ̃]	ein Wohnzimmer
une **chambre** [ynʃɑ̃bʀ]	ein (Schlaf-)Zimmer
une **salle de bains** [ynsaldəbɛ̃]	ein Badezimmer
les **W.-C.** *(m., pl.)* [levese]	die Toilette/das WC
On pend la crémaillère. [ɔ̃pɑ̃lakʀemajɛʀ]	Wir machen eine Einweihungsparty.
samedi *(m.)* [samdi]	(am) Samstag
octobre *(m.)* [ɔktɔbʀ]	Oktober
un/une **coloc** *(fam.) (= colocataire)* [ɛ̃/ynkolɔk]	ein Mitbewohner/ eine Mitbewohnerin
une **clé** [ynkle]	ein Schlüssel
un **sac** [ɛ̃sak]	eine Tasche
un **sac à dos** [ɛ̃sakado]	ein Rucksack
une **poche** [ynpɔʃ]	eine (Hosen-)Tasche
une **voiture** [ynvwatyʀ]	ein Auto
installer qc [ɛ̃stale]	etw. aufbauen/aufstellen
un **lit** [ɛ̃li]	ein Bett
C'est drôle. [sɛdʀol]	Das ist witzig.
les **affaires** *(f., pl.)* [lezafɛʀ]	die Sachen
Comment... ? [kɔmɑ̃]	Wie ...?
transporter qc [tʀɑ̃spɔʀte]	etw. transportieren
des **fringues** *(f., pl.) (fam.)* [defʀɛ̃g]	Klamotten *(ugs.)*

Texte A : La coloc

un **site** [ɛ̃sit]	eine Website
un **loyer** [ɛ̃lwaje]	eine Miete
un **e-mail** [ɛ̃nimɛl]	ein E-Mail
une **adresse e-mail** [ynadʀɛsimɛl]	eine E-Mail-Adresse

tout le temps [tul(ə)tɑ̃]	die ganze Zeit
un **candidat**/une **candidate** [ɛ̃kɑ̃dida/ynkɑ̃didat]	ein Bewerber/ eine Bewerberin
noter qc [nɔte]	etw. aufschreiben/notieren
une **note** [ynənɔt]	eine Note
un **examen** [ɛ̃nɛgzamɛ̃]	eine Prüfung
comprendre qc [kõpʀɑ̃dʀ]	etw. verstehen

comprendre : je comprend**s**, tu comprend**s**, il/elle/on compren**d**
nous compre**n**ons, vous compre**n**ez,
ils/elles compre**nn**ent

un **soir** [ɛ̃swaʀ]	eines Abends
un **clown** [ɛ̃klun]	ein Clown
D'où… ? [du]	Woher …?
Tu es d'où ? [tyɛdu]	Woher kommst du?
Pardon ! [paʀdõ]	Entschuldigung!/Verzeihung!
quand même [kɑ̃mɛm]	trotzdem/doch
un **accent** [ɛ̃naksɑ̃]	ein Akzent
des **études** *(f., pl.)* [dezetyd]	ein Studium
faire des études [fɛʀdezetyd]	studieren
des **études d'économie** *(f., pl)* [dezetyd(ə)dekɔnɔmi]	ein BWL-Studium
un **signe** [ɛ̃siɲ]	ein Zeichen
arrêter qc [aʀete]	mit etw. aufhören
une **bêtise** [ynbetiz]	eine Dummheit
quand… ? [kɑ̃]	Wann …?
commencer [kɔmɑ̃se]	anfangen

commencer : je commence, tu commences, il/elle/on commence
nous commen**ç**ons, vous commencez, ils commencent

un **mois** [ɛ̃mwa]	ein Monat
Bien sûr ! [bjɛ̃syʀ]	Na klar!
Ça veut dire… [savødiʀ]	Das heißt …
longtemps [lõtɑ̃]	lange
C'est grave. [sɛgʀav]	Das ist schlimm.

Texte B : La fête de l'année

une **année** [ynane]	ein Jahr
prendre qc [pʀɑ̃dʀ]	etw. nehmen

prendre : je prend**s**, tu prend**s**, il/elle/on pren**d**
nous pre**n**ons, vous pre**n**ez, ils/elles pre**nn**ent

un **petit-déjeuner** [ɛ̃p(ə)tideʒœne]	ein Frühstück
prendre le petit-déjeuner [pʀɑ̃dʀləp(ə)tideʒœne]	frühstücken
Il est quelle heure ? [ilɛkɛlœr]	Wie spät ist es?
le **temps** [lətɑ̃]	die Zeit
un **quart** [ɛ̃kaʀ]	ein Viertel
les **courses** *(f., pl.)* [lekuʀs]	die Einkäufe
faire les courses [fɛʀlekuʀs]	einkaufen
une **liste** [ynlist]	eine Liste
un **gâteau**/des **gâteaux** [ɛ̃gato/degato]	ein Kuchen
une **recette** [ynʀəsɛt]	ein Rezept
une **mère** [ynmɛr]	eine Mutter
un **père** [ɛ̃pɛʀ]	ein Vater
une **gougère** [ynguʒɛr]	*Spezialität aus Burgund*
une **spécialité** [ynspesjalite]	eine Spezialität
une **région** [ynʀeʒjõ]	eine Region
moins... [mwɛ̃]	vor *(zeitlich)*
A quelle heure ? [akɛlœr]	Um wie viel Uhr?
vers [vɛʀ]	gegen *(zeitlich)*
parce que [paʀs(ə)kə]	weil
un **cours** [ɛ̃kuʀ]	ein Kurs/eine Unterrichtsstunde
au fait [ofɛt]	übrigens
une **tarte** [yntaʀt]	ein Kuchen
une **tarte tatin** [yntaʀt(ə)tatɛ̃]	*französische Kuchenspezialität*
apporter qc [apɔʀte]	etw. (mit)bringen
plutôt [plyto]	eher/lieber
une **salade** [ynsalad]	ein Salat
A plus ! *(fam.) (= A plus tard !)* [aplys]	Bis dann!/Bis später! *(ugs.)*
être en colère [ɛtʀɑ̃kɔlɛʀ]	wütend sein
demie [dəmi]	halb
un **frère** [ɛ̃fʀɛʀ]	ein Bruder
une **boisson** [ynbwasõ]	ein Getränk
goûter qc [gute]	etw. probieren
bizarre [bizaʀ]	komisch
un **succès** [ɛ̃syksɛ]	ein Erfolg
un **CD**/des **CD** [ɛ̃/desede]	eine CD/CDs
danser [dɑ̃se]	tanzen
rigoler [rigɔle]	lachen
sauf [sof]	außer
Arrête ton cinéma ! *(fam.)* [arɛt(ə)tõsinema]	Hör doch mit dem Theater auf! *(ugs.)*
J'en ai marre ! *(fam.)* [ʒɑ̃nɛmaʀ]	Ich habe die Nase voll! *(ugs.)*

en avoir marre *(fam.)* [ãnavwaʀmaʀ]	die Nase voll haben *(ugs.)*
puis [pɥi]	nachher; *(hier)* übrigens
détester qc [detɛste]	etw. hassen/(überhaupt) nicht mögen
un **machin** *(fam.)* [ɛ̃maʃɛ̃]	ein Ding *(ugs.)*
marcher [maʀʃe]	gehen/laufen

Atelier B

minuit *(m.)* [minɥi]	Mitternacht/12 Uhr nachts
la **fin** [lafɛ̃]	das Ende
une **histoire** [ynistwaʀ]	eine Geschichte

Pour en savoir plus… – La famille

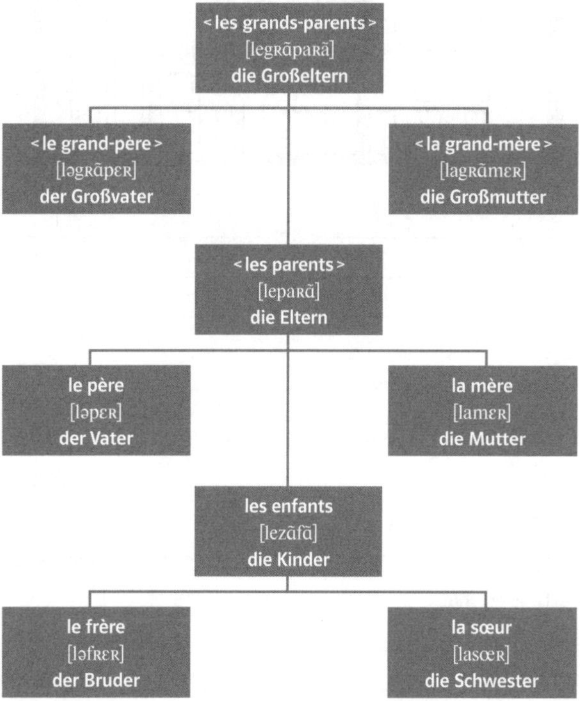

Wie nennt man die Räume dieser Wohnung auf Französisch?

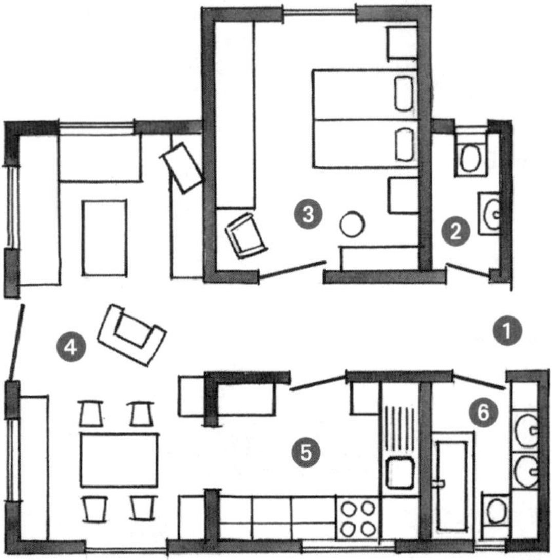

1. ______________________ 2. ______________________

3. ______________________ 4. ______________________

5. ______________________ 6. ______________________

Ergänzen Sie den Dialog.

Meike visite la colocation de Rose, Christophe et Alex.

Rose : Alors Meike, ______________________ tu habites ?

Meike : J'habite à Mannheim.

Alex : Et ______________________ ton stage commence ?

Meike : Le 15 octobre.

Christophe : ______________________ tu trouves l'appartement ?

Meike : Il est super ! ______________________ j'ai la chambre ?

Stellen Sie Fragen zu den Antworten.

____

Nous allons au parc à quatorze heures.

____

Il est huit heures et demie.

Geben Sie die Uhrzeit an. Es gibt immer zwei Möglichkeiten.

09:40 Il est ____
ou ____.

11:45 Il est ____
ou ____.

14:30 Il est ____
ou ____.

17:55 Il est ____
ou ____.

20:05 Il est ____
ou ____.

23:50 Il est ____
ou ____.

00:15 Il est ____
ou ____.

Beschreiben Sie die Bilder.

1

2

3

Was sagen Sie, . . .

wenn Sie etwas überhaupt nicht mögen?

wenn Sie Ihren Unmut/Ärger ausdrücken wollen? (2 Antworten)

wenn Sie wollen, dass jemand mit dem Unsinn aufhört?

Leçon 5 : Le blog d'une lycéenne

Schreiben Sie sie schwierigen Vokabeln auf Zettel und markieren Sie die Schwierigkeiten.
Heften Sie die Zettel an eine gut sichtbare Stelle!

Accueil

un **blog** [ɛ̃blɔg]	ein Blog
un **lycéen**/une **lycéenne** [ɛ̃liseɛ̃/ynliseɛn]	ein Gymnasiast/eine Gymnasiastin *(in der Oberstufe)*
STG [ɛsteʒe]	*Fachabitur am Wirtschaftsgymnasium*
une **option** [ynɔpsjõ]	ein Schwerpunkt
la **gestion** [laʒɛstjõ]	die Betriebswirtschaftslehre
un **emploi du temps** [ɛ̃nɑ̃plwadytɑ̃]	ein Stundenplan
un **professeur principal** [ɛ̃pʀɔfesœʀpʀɛ̃sipal]	ein Klassenlehrer
l'économie *(f.)* [lekɔnɔmi]	die Wirtschaft
le **droit** [lədʀwa]	das Recht/die Rechtskunde
une **salle** [ynsal]	ein Raum/Saal
l'anglais *(m.)* [lɑ̃glɛ]	Englisch/die englische Sprache
l'allemand *(m.)* [lalmɑ̃]	Deutsch/die deutsche Sprache
une **cantine** [ynkɑ̃tin]	eine Kantine
l'information *(f.)* [lɛ̃fɔʀmasjõ]	Informationswesen
l'histoire *(f.)* [listwaʀ]	die Geschichte
la **géographie** [laʒeɔgʀafi]	die Erdkunde
les **mathématiques** *(f., pl.)* [lematematik]	Mathematik
le **management des organisations** [ləmanadʒmɛntdezɔʀganizasjõ]	der Betriebsaufbau
la **communication** [lakɔmynikasjõ]	das Kommunikationswesen/die Kommunikation
une **journée portes ouvertes** [ynʒuʀnepɔʀtzuvɛʀt]	ein Tag der offenen Tür
raconter qc à qn [ʀakõte]	jdm etw. erzählen
hier [jɛʀ]	gestern
un **CDI** *(= centre de documentation et d'information)* [ɛ̃sedei]	*eine Dokumentations- und Informationsstelle einer Schule*
une **exposition** [ynɛkspozisjõ]	eine Ausstellung
un **visiteur** [ɛ̃vizitœʀ]	ein Besucher
même [mɛm]	sogar
un **café** [ɛ̃kafe]	ein Kaffee

février *(m.)* [fevʀije]	Februar
un **enseignant**/une **enseignante** [ɛ̃nɑ̃sɛɲɑ̃/ynɑ̃sɛɲɑ̃t]	ein Lehrer/eine Lehrerin

Texte A : Une semaine de crise

une **crise** [ynkʀiz]	eine Krise
un **débouché** [ɛ̃debuʃe]	eine Perspektive/Berufsaussicht
un **BTS** *(= Brevet de Technicien Supérieur)* [ɛ̃beteɛs]	*Abschluss nach einer 2-jährigen Ausbildung an einer FH*
dire qc [diʀ]	etw. sagen

dire : je di**s**, tu di**s**, il/elle/on di**t**
nous di**s**ons, vous **dites**, ils/elles di**s**ent
j'ai **dit**

ne… plus [nəply]	nicht mehr
écrire qc [ekʀiʀ]	etw. schreiben

écrire : j'écri**s**, tu écri**s**, il/elle/on écri**t**
nous écri**v**ons, vous écri**v**ez, ils/elles écri**v**ent
j'ai **écrit**

souvent [suvɑ̃]	oft
lire qc [liʀ]	etw. lesen

lire : je li**s**, tu li**s**, il/elle/on li**t**
nous li**s**ons, vous li**s**ez, ils/elles li**s**ent
j'ai **lu**

un **commentaire** [ɛ̃kɔmɑ̃tɛʀ]	ein Kommentar
un **doute** [ɛ̃dut]	ein Zweifel
un **projet** [ɛ̃pʀɔʒɛ]	ein Projekt; *(hier)* ein Plan
professionnel/professionnelle [pʀofɛsjɔnɛl/pʀofɛsjɔnɛl]	beruflich
6 sur 20 [sissyʀvɛ̃]	6 von 20 Punkten
craquer *(fam.)* [kʀake]	ausflippen *(ugs.)*/die Nerven verlieren
toujours [tuʒuʀ]	immer
les **devoirs** *(m., pl.)* [ledəvwaʀ]	die Hausaufgaben
avoir la trouille *(fam.)* [avwaʀlatʀuj]	Schiss haben *(ugs.)*
un **niveau** [ɛ̃nivo]	ein Niveau
ne pas avoir le niveau [nəpazavwaʀlənivo]	nicht mehr mitkommen *(im Unterricht)*
redoubler [ʀəduble]	sitzen bleiben
le **bac blanc** [ləbakblɑ̃]	das Probeabitur

la **seconde** [lasəgõd]	die 10. Klasse *(die 1. Klasse auf dem Lycée)*
juin *(m.)* [ʒɥɛ̃]	Juni
stresser qn [stʀese]	jdn stressen
penser à qn/qc [pɑ̃se]	an jdn/etw. denken
un **livre** [ɛ̃livʀ]	ein Buch
une **interro** *(fam.) (= interrogation)* [ynɛ̃tɛʀo(gasjõ)]	eine Klassenarbeit
C'est la totale ! *(fam.)* [sɛlatɔtal]	Das ist der Gipfel!
ne... pas de [nəpadə]	kein/keine
pour moi [puʀmwa]	für mich
ne... plus de [nəplydə]	kein/keine mehr
une **image** [ynimaʒ]	ein Bild
une **hotline** [yn'ɔtlajn]	eine Hotline
un **virus** [ɛ̃viʀys]	ein Virus
marcher [maʀʃe]	funktionieren
la **terminale** [latɛʀminal]	die Abschlussklasse *(entspricht der dt. 12. Klasse)*
un **CPE** *(= Conseiller Principal d'Education)* [ɛ̃sepeə]	*Pädagogische Fachkraft an einer Schule*

Atelier A

un/une **documentaliste** [ɛ̃/yndɔkymɑ̃talist]	ein Schulbibliothekar/ eine Schulbibliothekarin
un **rapport de stage** [ɛ̃ʀapɔʀdəstaʒ]	ein Praktikumsbericht
une **cour** [ynkuʀ]	ein (Schul)hof

Texte B : Enfin une journée sans crise

enfin [ɑ̃fɛ̃]	endlich
sans [sɑ̃]	ohne
un **repas** [ɛ̃ʀəpa]	das Essen/die Mahlzeit
une **association** [ynasɔsjasjõ]	ein Verein
le **commerce** [ləkɔmɛʀs]	der Handel
le **commerce équitable** [ləkɔmɛʀsekitabl]	der faire Handel
entre [ɑ̃tʀ]	zwischen
la **France** [lafʀɑ̃s]	Frankreich
un **produit** [ɛ̃pʀɔdɥi]	ein Produkt
un **produit de beauté** [ɛ̃pʀɔdɥidəbote]	ein Kosmetikprodukt
un **résumé** [ɛ̃ʀezyme]	eine Zusammenfassung
un **dialogue** [ɛ̃djalɔg]	ein Dialog

Trop bien ! *(fam.)* [trobjɛ̃]	Super! *(ugs.)*
l'argent *(m.)* [laʀʒɑ̃]	das Geld
assez [ase]	genug
il faut qc [ilfo]	man braucht etw.
mille [mil]	tausend
comme ça [kɔmsa]	so
C'est sûr ! [sɛsyʀ]	Das ist sicher!
pour vous [puʀvu]	für Sie
un **SMS** [ɛ̃ɛsɛmɛs]	eine SMS
ouf ! [uf]	Uff!
le **stress** [ləstʀɛs]	der Stress

Pour en savoir plus... – Les matières (die Fächer)

Les sciences [lesjɑ̃s]	die wissenschaftlichen Fächer
les **mathématiques** *(f., pl.)* [lematematik]	Mathematik
<la **physique-chimie**> [lafizikʃimi]	Physik-Chemie
<les **SVT**> *(Sciences et Vie de la Terre)* [leɛsvete]	Biologie
Les langues [lelɑ̃g(ə)]	die Sprachen
le **français** [ləfʀɑ̃sɛ]	Französisch
l'**allemand** *(m.)* [lalmɑ̃]	Deutsch
l'**anglais** *(m.)* [lɑ̃glɛ]	Englisch
<l'**espagnol**> *(m.)* [lɛspaŋɔl]	Spanisch
<l'**italien**> *(m.)* [litaljɛ̃]	Italienisch
<le **latin**> [ləlatɛ̃]	Latein
<le **russe**> [ləʀys]	Russisch
Les sciences humaines [lesjɑ̃szymɛn]	die Humanwissenschaften
l'**histoire** *(f.)* [listwaʀ]	die Geschichte
la **géographie** [laʒeɔgʀafi]	die Erdkunde
l'**économie** *(f.)* [lekɔnɔmi]	die Wirtschaftskunde
Autres matières	
la **communication** [lakɔmynikasjɔ̃]	das Kommunikationswesen
le **droit** [lədʀwa]	das Recht/die Rechtskunde
l'**EPS** *(Education physique et sportive)* [ləpeɛs]	der Sport
la **gestion** [laʒɛstjɔ̃]	die Betriebswirtschaftslehre
l'**information** *(f.)* [lɛ̃fɔʀmasjɔ̃]	Informationswesen
le **management des organisations** [ləmanadʒmɛntdezɔʀganizasjɔ̃]	der Betriebsaufbau

Erzählen Sie auf Französisch, welche Fächer Sie gestern hatten.

Hier, ____

____

____

Welches Wort passt nicht in der Reihe?
Streichen Sie es durch und finden Sie einen Ersatz dafür.

un prof	un emploi du temps	un élève	un CPE	
une cantine	une exposition	un CDI	une cour	
un doute	craquer	le stress	penser	
un débouché	le droit	la gestion	l'histoire	
un site	un blog	un SMS	un virus	
l'anglais	l'allemand	l'économie	l'EPS	

Ergänzen Sie die fehlenden Buchstaben und übersetzen Sie die Verben.

___ R ___ ___ U E ___ = ____________________

R ___ ___ O ___ T ___ ___ = ____________________

___ ___ R ___ R E = ____________________

R ___ D ___ ___ B L ___ ___ = ____________________

___ ___ N S ___ R = ____________________

___ ___ R ___ ___ S ___ R = ____________________

Bilden Sie Sätze mit den richtigen Ergänzungen.

une interro | *un rapport de stage* | *un livre* | *une histoire*

Nous (écrire) ______________________

Tu (penser) ______________________

Vous (raconter) ______________________

Elles (lire) ______________________

Erzählen Sie, was Lucie gestern gemacht hat.

1

____

____

____

2

____

____

____

3

____

____

____

4

____

____

____

Beantworten Sie folgende Fragen auf Französisch.

Wie heißen die drei Klassen der Oberstufe?

____

Wie nennt man eine Schülerin/einen Schüler vom Gymnasium?

____

Was ist ein anderes Wort für „professeur"?

____

Wie heißt die Person, die im CDI arbeitet?

____

Wie sagt man, dass man nicht mehr mitkommt und sitzen bleiben wird?

____

Was sagt man, wenn man Schiss hat?

____

Was sagt man, wenn man etwas braucht?

____

Verbinden Sie die Vokabeln, die zum gleichen Wortfeld gehören.

février	une journée portes ouvertes
un élève	une hotline
un site	un SMS
une cantine	juin
une interro	un blog
un virus	une lycéenne
un visiteur	un repas
un portable	un bac blanc

Leçon 6 : A nous deux, Paris !

Lernen Sie Vokabeln in **Vokabelnetzen**. Legen Sie die Vokabelnetze so groß an, dass Sie sie später durch neue Wörter erweitern können.

A nous deux, Paris ! [anudøpaʀi]	Hier sind wir, Paris!

Accueil

en route pour... [ɑ̃ʀutpuʀ]	auf dem Weg nach .../auf nach ...
accompagner qn [akɔ̃paɲe]	jdn begleiten
un **amour** [ɛ̃namuʀ]	eine Liebe; *(hier)* ein Schatz
un **compliment** [ɛ̃kɔ̃plimɑ̃]	ein Kompliment
une **photo** [ynfoto]	ein Foto
une **fois** [ynfwa]	ein Mal
une **présentation** [ynpʀesɑ̃tasjɔ̃]	eine Vorstellung/Präsentation
prendre une photo [pʀɑ̃dʀynfoto]	ein Foto machen
déranger qn [deʀɑ̃ʒe]	jdn stören
un **mannequin** [ɛ̃mankɛ̃]	ein Model; *(hier)* eine Schaufensterpuppe
un **fil de fer** [ɛ̃fildəfɛʀ]	ein Eisendraht
une **prise de vue** [ynpʀizdəvy]	eine Bildaufnahme; *(hier)* ein Fotoshooting
laisser qn/qc [lese]	jdn/etw. (über)lassen/etw. geben

Texte A : Ça, c'est Paris...

un **TGV** *(= Train à Grande Vitesse)* [ɛ̃teʒeve]	*frz. Hochgeschwindigkeitszug*
un **carnet** [ɛ̃kaʀnɛ]	ein Heftchen; *(hier)* ein Zehnerstreifen
un **ticket** [ɛ̃tikɛ]	ein Fahrschein
le **métro** [ləmetʀo]	die Metro/die U-Bahn
monter [mɔ̃te]	steigen; *(hier)* einsteigen
le **RER** *(= Réseau Express Régional)* [ləɛʀəɛʀ]	das Schnellbahnnetz für Paris und seine Umgebung
une **direction** [yndiʀɛksjɔ̃]	eine Richtung
placer qc [plase]	etw. (hin-)stellen/(hin-)legen
un **touriste**/une **touriste** [ɛ̃tuʀist/yntuʀist]	ein Tourist/eine Touristin

marrant/marrante [maʀɑ̃/maʀɑ̃t]	lustig
allemand/allemande [almɑ̃/almɑ̃d]	deutsch
demander qc à qn [dəmɑ̃de]	jdn etw. fragen
une **boutique** [ynbutik]	ein Laden/eine Boutique
vrai/vraie [vʀɛ]	echt/wahr
content/contente [kõtɑ̃/kõtɑ̃t]	glücklich/zufrieden
un **gardien** [ɛ̃gaʀdjɛ̃]	ein Wärter
interdire à qn de faire qc [ɛ̃tɛʀdiʀ]	jdm verbieten etw. zu tun
de toute façon [dətutfasõ]	sowieso
qc/qn plaît à qn [plɛ]	etw./jd gefällt jdm
partout [paʀtu]	überall
autre [otʀ(ə)]	anderer/andere/anderes
un lieu/des lieux [ɛ̃ljø/deljø]	ein Ort
un **voyageur**/une **voyageuse** [ɛ̃vwajaʒœʀ/ynvwajaʒøz]	ein Reisender/eine Reisende
énorme [enɔʀm]	riesig/Riesen-
grand/grande [gʀɑ̃/gʀɑ̃d]	groß
On descend. [õdesɑ̃]	Wir steigen aus.
un **plan** [ɛ̃plɑ̃]	ein Plan
un **trajet** [ɛ̃tʀaʒɛ]	eine Strecke
On change. [õʃɑ̃ʒ]	Wir steigen um.
une **station** [ynstasjõ]	eine (U-Bahn-)Haltestelle
une **ligne** [ynliɲ]	eine Linie
un **résultat** [ɛ̃ʀezylta]	ein Ergebnis
ailleurs [ajœʀ]	woanders (hin)

Atelier A

un/une **guide** [ɛ̃/yngid]	ein (Reise-)Führer/eine (Reise-) Führerin
le **garçon** [ləgaʀsõ]	*(hier)* der Kellner
un **bisou** [ɛ̃bizu]	ein Küsschen

Texte B : La collection Manon D.

cher/chère [ʃɛʀ/ʃɛʀ]	liebe(r)
parler de qc [paʀle]	von etw. erzählen
joli/jolie [ʒɔli]	hübsch
bon/bonne [bõ/bɔn]	gut
un chemin [ɛ̃ʃəmɛ̃]	ein Weg
demander son chemin à qn [dəmɑ̃desõʃəmɛ̃]	jdn nach dem Weg fragen

un **passant/une passante** [ɛ̃pasɑ̃/ynpasɑ̃t]	ein Passant/eine Passantin
simple [sɛ̃mpl]	einfach
tourner [tuʀne]	abbiegen
traverser qc [tʀavɛʀse]	etw. überqueren
le/la **quatrième** [lə/lakatʀijɛm]	der/die/das vierte
continuer [kɔ̃tinɥe]	weitermachen; *(hier)* weiter-laufen
tout droit [tudʀwa]	geradeaus
petit/petite [pəti/pətit]	klein
parfait/parfaite [paʀfɛ/paʀfɛt]	perfekt
porter qc [pɔʀte]	etw. tragen
une **robe** [ynʀɔb]	ein Kleid
blanc/blanche [blɑ̃/blɑ̃ʃ]	weiß
bleu/bleue [blø]	blau
un **pull** [ɛ̃pyl]	ein Pulli
vert/verte [vɛʀ/vɛʀt]	grün
un **pantalon** [ɛ̃pɑ̃talɔ̃]	eine Hose
noir/noire [nwaʀ]	schwarz
une **veste** [ynvɛst]	eine Jacke
rouge [ʀuʒ]	rot
emballé/emballée *(fam.)* [ɑ̃bale]	begeistert
une **femme** [ynfam]	eine Frau
un **catalogue** [ɛ̃katalɔg]	ein Katalog
pas mal du tout [pamaldytu]	gar nicht schlecht
un/une **styliste** [ɛ̃/ynstilist]	ein (Mode-)Designer/ eine (Mode-)Designerin
un/une **stagiaire** [ɛ̃/ynstaʒjɛʀ]	ein Praktikant/eine Praktikantin
intéresser qn [ɛ̃teʀese]	jdn interessieren
beaucoup [boku]	sehr
une **carte** [ynkaʀt]	eine Karte; *(hier)* eine Visitenkarte

Atelier B

une **ville** [ynvil]	eine Stadt

Pour en savoir plus... – Dans le métro

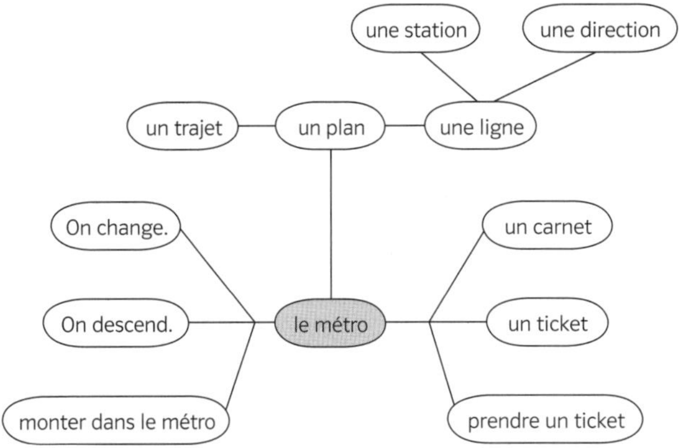

Les vêtements

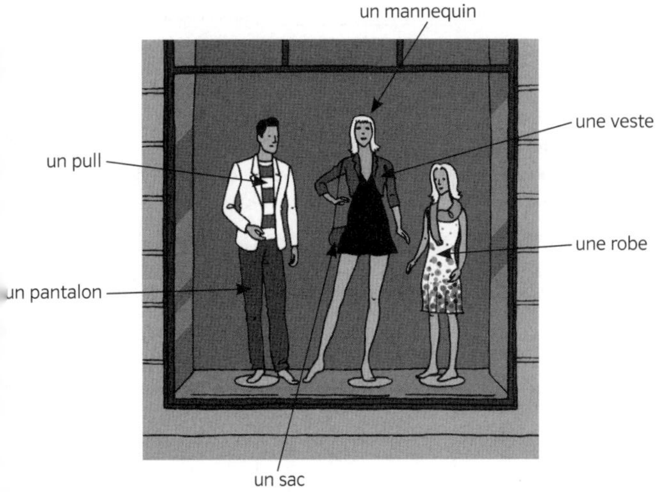

Ergänzen Sie die Sätze mit einem Adjektiv oder mit einem Nomen und einem Adjektiv. Denken Sie dabei an die Angleichung.

marrant | emballé | joli | grand | pantalon | allemand | sac

sympa | content | touriste | noir | énorme | veste | blanc

Les jeunes sont ______________________ : ils sont arrivés à Paris.

Ils transportent les mannequins et des ______________________.

Les touristes dans le métro ne sont pas ______________________ :

les ______________________ mannequins les dérangent.

Devant le Louvre, une ______________________

regarde la ______________________ collection de Manon :

une ______________ et un ______________

l'intéressent. Manon est ______________ : finalement, les touristes

sont ______________ !

Ordnen Sie alle Adjektive, die Sie kennen, in die Tabelle ein.
Notieren Sie bei den unregelmäßigen Adjektiven auch die weibliche Form.
Markieren Sie anschließend die zwei unveränderlichen Adjektive.

gleiche Form für *m.* und *f.*	regelmäßige Adjektive (*f.* mit *-e*)	unregelmäßige Adjektive

Wie heißen folgende Kleidungsstücke auf französisch?
Ergänzen Sie auch die Farbe. Vergessen Sie dabei die Angleichung nicht.

+ bleu ______________________________

____

+ blanc ______________________________

____

+ noir ______________________________

____

+ rouge ______________________________

____

Um welche Begriffe geht es?

Il montre la ville aux touristes : c'est ______________________________.

Il travaille dans un café : c'est ______________________________.

Palais Royal – Musée du Louvre et Etoile sont des ____________________.

Il travaille dans un musée : c'est ______________________________.

Elle marche dans la rue : c'est ______________________________.

Schreiben Sie das Gegenteil von diesen Begriffen.

grand ≠ ____________________ On monte. ≠ ____________________

noir ≠ ____________________ ici ≠ ____________________

Übersetzen Sie die Verben mit ihren Ergänzungen.

jdm etwas verbieten: ______________________________

jdm etwas sagen: ______________________________

jdn etwas fragen: ______________________________

von etwas erzählen: ______________________________

Wie sagen Sie, ...

dass Telefonieren verboten ist?

____

dass Sie etwas interessiert?

____

dass Ihnen etwas gefällt?

____

dass Sie wissen wollen, wo der Eiffelturm ist?

____

Wie erklären Sie jemandem, dass er/sie ...

den Place de la Bastille überqueren soll?

____

geradeaus gehen und dann nach rechts abbiegen soll?

____

die erste Straße links und die dritte Straße rechts nehmen soll?

____

Leçon 7 : Le monde du travail

Lernen Sie an einem Platz, an dem Sie nichts und niemand stören kann. Hören Sie keine Musik und lassen Sie auch nicht den Fernseher laufen.

Accueil

le **monde** [ləmõd]	die Welt
un **secteur** [ɛ̃sɛktœʀ]	ein Bereich
français/française [fʀɑ̃sɛ/fʀɑ̃sɛz]	französisch
le **commerce** [ləkɔmɛʀs]	der Einzelhandel
représenter qc [ʀəpʀezɑ̃te]	etw. darstellen; *(hier)* etw. ausmachen
l'**industrie** *(f.)* [lɛ̃dystʀi]	die Industrie
automobile [otomɔbil]	Auto-/Automobil-
les **services** *(m., pl.)* [lesɛʀvis]	die Dienstleistungen
une **banque** [ynbɑ̃k]	eine Bank
une **assurance** [ynasyʀɑ̃s]	eine Versicherung
le **tourisme** [ləturism]	der Tourismus/der Fremdenverkehr
un **million** [ɛ̃miljõ]	eine Million
l'**agriculture** *(f.)* [lagʀikyltyʀ]	die Landwirtschaft
un **pays** [ɛ̃pei]	ein Land
agricole [agʀikɔl]	landwirtschaftlich
un **pays agricole** [ɛ̃peiagʀikɔl]	ein Agrarland
l'**Union européenne** *(f.)* [lynjõøʀɔpeɛn]	die Europäische Union
une **impression** [ynɛ̃pʀɛsjõ]	ein Eindruck
que/qu' [kə]	den/die/das *(Relativpronomen, Objekt)*
J'envoie... [ʒɑ̃vwa]	Ich schicke ... (zu)
une **pièce jointe** [ynpjɛsʒwɛ̃t]	eine Anlage
où [u]	wo *(Relativpronomen, Ort)*
spécialisé/spécialisée [spesjalize]	spezialisiert
les **cosmétiques** *(m., pl.)* [lekɔsmetik]	die Kosmetikprodukte
un **client**/une **cliente** [ɛ̃klijɑ̃/ynklijɑ̃t]	ein Kunde/eine Kundin
à l'étranger *(m.)* [aletʀɑ̃ʒe]	im Ausland
un **gel douche** [ɛ̃ʒɛlduʃ]	ein Duschgel
un **shampoing** [ɛ̃ʃɑ̃pwɛ̃]	ein Shampoo
fabriquer qc [fabʀike]	etw. herstellen

qui [ki]	der/die/das *(Relativpronomen, Subjekt)*
un **chiffre d'affaires** [ɛ̃ʃifʀ(ə)dafɛʀ]	ein Umsatz
responsable [ʀɛspõsabl]	verantwortlich

Texte A : Le premier jour de Meike

avoir peur [avwaʀpœʀ]	Angst haben
une **consigne** [ynkõsiɲ]	eine Anweisung; ein Arbeitsauftrag
un/une **DRH** *(= Directeur/-trice des ressources humaines)* [ɛ̃/yndeɛʀaʃ]	ein Personalleiter/eine Personalleiterin
stressé/stressée [stʀese]	gestresst
pouvoir qc [puvwaʀ]	etw. können

pouvoir : je **peux**, tu **peux**, il/elle/on **peut**
nous pouvons, vous pouvez, ils/elles **peuvent**
j'ai **pu**

pouvoir faire qc [puvwaʀfɛʀ]	etw. tun können
un **prénom** [ɛ̃pʀenõ]	ein Vorname
devoir faire qc [dəvwaʀfɛʀ]	etw. tun müssen

devoir : je **dois**, tu **dois**, il/elle/on **doit**
nous devons, vous devez, ils/elles **doivent**
j'ai **dû**

régler qc [ʀegle]	etw. regeln/klären

régler : je règle, tu règles, il/elle/on règle
nous réglons, vous réglez, ils/elles règlent
j'ai **réglé**

différent/différente [difeʀɑ̃/difeʀɑ̃t]	unterschiedlich/verschieden
faire vite [fɛʀvit]	schnell machen
une **réunion** [ynʀeynjõ]	eine Besprechung
vouloir qc [vulwaʀ]	etw. wollen

vouloir : je **veux**, tu **veux**, il/elle/on **veut**
nous voulons, vous voulez, ils/elles **veulent**
j'ai **voulu**

vouloir faire qc [vulwaʀfɛʀ]	etw. tun wollen
un **département** [ɛ̃depaʀtəmɑ̃]	eine Abteilung
la **recherche** [laʀəʃɛʀʃ]	die Forschung

présenter qn/qc à qn [prezɑ̃te]	jdm jdn/etw. vorstellen
le **marketing** [ləmarketiŋ]	das Marketing
une **machine à café** [ynmaʃinakafe]	eine Kaffeemaschine
toujours [tuʒur]	immer noch
chez nous [ʃenu]	bei uns
si [si]	wenn; falls
contacter qn [kõtakte]	jdn kontaktieren/mit jdm Kontakt aufnehmen
planifier qc [planifje]	etw. (ein)planen
un **partenariat** [ɛ̃partənaria]	Partnerschaft/Zusammenarbeit/ Kooperation
un/une **responsable** [ɛ̃/ynrɛspõsabl]	ein Verantwortlicher/eine Verantwortliche

Texte B : Les Français tournent autour du pot...

tourner autour du pot [turneoturdypo]	um den heißen Brei herumreden
un **journal**/des **journaux** [ɛ̃ʒurnal/deʒurno]	eine Zeitung
un **étudiant**/une **étudiante** [ɛ̃netydjɑ̃/ynetydjɑ̃t]	ein Student/eine Studentin
par [par]	*(hier)* pro
une **série** [ynseri]	eine Serie
étranger/étrangère [etrɑ̃ʒe/etrɑ̃ʒɛr]	ausländisch/Ausländer-
un **ami**/une **amie** [ɛ̃nami/ynami]	ein Freund/eine Freundin
voir qn/qc [vwar]	sehen

voir : je voi**s**, tu voi**s**, il/elle/on voi**t**
nous vo**y**ons, vous vo**y**ez, ils/elles voi**ent**
j'ai **vu**

tous les jours [tuleʒur]	jeden Tag
il faut faire qc [ilfofɛr]	man muss etw. tun
supporter qn/qc [sypɔrte]	jdn/etw. ertragen
il ne faut pas faire qc [ilnəfopafɛr]	man darf etw. nicht tun
compliqué/compliquée [kõplike]	kompliziert
ranger qc [rɑ̃ʒe]	etw. aufräumen
la **chance** [laʃɑ̃s]	das Glück
avoir de la chance [avwardəlaʃɑ̃s]	Glück haben
le **ménage** [ləmenaʒ]	die Hausarbeit/das Putzen
quand [kɑ̃]	wenn
apprendre qc [aprɑ̃dr]	etw. lernen

dernier/dernière [dɛʀnje/dɛʀnjɛʀ]	letzter/letzte/letztes
confier qc à qn [kõfje]	jdm etw. anvertrauen
passionner qn [pasjɔne]	jdn begeistern
un/une **reporter** [ɛ̃/ynʀəpɔʀtɛʀ]	ein Reporter/eine Reporterin
interroger qn [ɛ̃teʀɔʒe]	jdn befragen
une **différence** [yndifeʀɑ̃s]	ein Unterschied
constater qc [kõstate]	etw. feststellen
qc frappe qn [fʀap]	etw. fällt jdm auf
direct/directe [diʀɛkt]	direkt
un **avis** [ɛ̃navi]	eine Meinung
donner son avis sur qc [dɔnesõnavi]	über etw. seine Meinung abgeben
un **échantillon** [ɛ̃neʃɑ̃tijõ]	eine (Produkt-)Probe
un/une **collègue** [ɛ̃/ynkɔlɛg]	ein Kolleg/eine Kollegin
améliorer qc [ameljɔʀe]	etw. verbessern
puer [pɥe]	stinken
Silence total. [silɑ̃stotal]	Totale Stille.
diplomate [diplomat]	diplomatisch
prêt/prête [pʀɛ/pʀɛt]	bereit
être prêt à faire [ɛtʀ(ə)pʀɛ/pʀɛt]	bereit sein etw. zu tun
ne... pas encore [nəpa(z)ɑ̃kɔʀ]	noch nicht
étonner qn [etone]	jdn erstaunen

Atelier B

un **entretien d'embauche** [ɛ̃nɑ̃trətjɛ̃dɑ̃boʃ]	ein Vorstellungsgespräch
gagner qc [gaɲe]	etw. verdienen
un **salaire** [ɛ̃salɛʀ]	ein Lohn/Gehalt
une **bouteille** [ynbutɛj]	eine Flasche
une **bouteille de champagne** [ynbutɛjdəʃɑ̃paɲ]	eine Flasche Champagner
une **commande** [ynkɔmɑ̃d]	eine Bestellung

Pour en savoir plus...

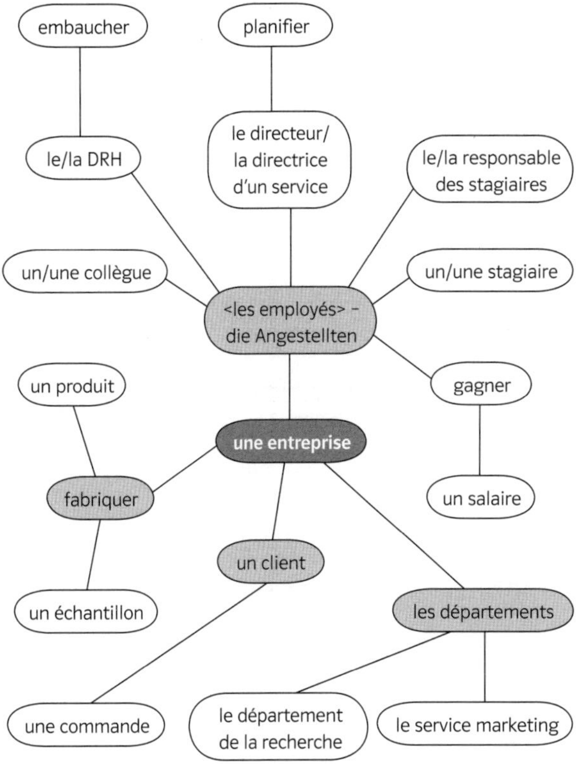

Übersetzen Sie folgende Sätze.

Die Personalleiterin und der Marketingleiter wollen einen Kaffee.

___

Meike muss eine Präsentation vorbereiten.

___

Sie können mich kontaktieren, wenn Sie Fragen haben.

___

Wir müssen das Problem regeln.

___

Ich will in der Forschungsabteilung arbeiten.

___

Kannst du zu der Besprechung kommen?

___

Bei der Arbeit muss man diplomatischer sein.

___

In einer WG darf man nicht kompliziert sein.

___

Was passt zusammen?
Bilden Sie anschließend mit jedem Ausdruck einen Satz.

avoir	vite
donner	de la chance
avoir	autour du pot
tourner	peur
faire	son avis sur qc

Bilden Sie die weibliche Form folgender Nomen.

un stagiaire ____________________ un directeur ____________________

un responsable ____________________ un ami ____________________

un étudiant ____________________ un collègue ____________________

Welche Verben verstecken sich in der Buchstabensuppe?
Schreiben Sie die Übersetzung dazu.

NCROTAETC ____________________ = ____________________

PRNEPREDA ____________________ = ____________________

GRLEER ____________________ = ____________________

OCFRIEN ____________________ = ____________________

NTRESEEPR ____________________ = ____________________

ENOTNRE ____________________ = ____________________

Finden Sie die Adjektive der Lektion, die genauso angeglichen werden wie:

emballé/emballée ____

cher/chère ____

énorme ____

petit/petite ____

Finden Sie das Gegenteil von folgenden Adjektiven.

simple ____________________ premier ____________________

La journée d'une stagiaire – Beschreiben Sie die Bilder.

1

2

3

4

5

Was sagen Sie, wenn ...

ein Projekt Sie begeistert hat?

Ihnen etwas aufgefallen ist?

Leçon 8 : C'est délicieux !

> Sie sparen viel Zeit, wenn Sie bei Nomen und Adjektive immer die weibliche Form mitlernen:
> *un ami/une amie* *différent/différente*

Accueil

délicieux/délicieuse [delisjø/delisjøz]	köstlich
un **menu** [ɛ̃məny]	ein Menü
le **menu de la maison** [ləmənydəlamɛzõ]	das Menü des Hauses
la **salade du chef** [lasaladyʃɛf]	der Chefsalat
un **pâté** [ɛ̃pɑte]	eine Terrine
le **pâté maison** [ləpɑtemɛzõ]	eine Terrine nach Art des Hauses
un **plat** [ɛ̃pla]	ein Gericht
un **gigot d'agneau** [ɛ̃ʒigodaɲo]	eine Lammkeule
un **saumon** [ɛ̃somõ]	ein Lachs
grillé/grillée [gʀije]	gegrillt
le **riz** [ləʀi]	der Reis
un **fromage** [ɛ̃fʀɔmaʒ]	ein Käse
une **carte** [ynkaʀt]	ein Dessert/Nachtisch
une **crème brûlée** [ynkʀɛmbʀyle]	*französischer Nachtisch*
une **glace** [ynglas]	ein Eis
une **eau minérale** [ynomineʀal]	ein Mineralwasser
un **coca(-cola)** [ɛ̃kɔkakɔla]	eine Cola
une **bière** [ynbjɛʀ]	ein Bier
le **vin** [ləvɛ̃]	der Wein
le **vin rouge** [ləvɛ̃ʀuʒ]	der Rotwein
une **carafe** [ynkaʀaf]	eine Karaffe
le **vin blanc** [ləvɛ̃blɑ̃]	der Weißwein
le **vin rosé** [ləvɛ̃ʀoze]	der Roséwein
une **omelette** [ynɔmlɛt]	ein Omelett
A table ! [atabl(ə)]	Zu Tisch!
un **frigo** [ɛ̃fʀigo]	ein Kühlschrank
manger qc [mɑ̃ʒe]	etw. essen

> **manger** : je mange, tu manges, il/elle/on mange
> nous mang**e**ons, vous mangez, ils/elles mangent
> j'ai **mangé**
> ***Ranger*** und ***changer*** werden wie *manger* konjugiert.

un **litre (de)** [ɛ̃litʀ]	ein Liter

le **lait** [ləlɛ]	die Milch
environ [ɑ̃viʀɔ̃]	circa
un **gramme (de)** [ɛ̃gʀam]	ein Gramm
le **beurre** [ləbœʀ]	die Butter
un **kilo (de)** [ɛ̃kilo]	ein Kilo
une **carotte** [ynkaʀɔt]	eine Karotte
un **pot** [ɛ̃po]	*(hier)* ein Becher
la **crème fraîche** [lakʀɛmfʀɛʃ]	die Crème fraîche
Beurk ! [bœʀk]	Igitt!
frais/fraîche [fʀɛ/fʀɛʃ]	frisch
des **spaghettis** [despageti]	Spaghetti
au beurre [obœʀ]	mit Butter
la **viande hachée** [lavjɑ̃d'aʃe]	das Hackfleisch
une **tomate** [yntɔmat]	eine Tomate
un **œuf**/des **œufs** [ɛ̃nœf/dezø]	ein Ei/Eier
une **boîte** [ynbwat]	eine Schachtel; *(hier)* eine Packung
tester qc [tɛste]	etw. testen
un **restaurant** [ɛ̃ʀɛstɔʀɑ̃]	ein Restaurant
prêter qc à qn [pʀete]	jdm etw. leihen
faire la plonge [fɛʀlaplɔ̃ʒ]	den Abwasch machen

Texte A : Un menu ou à la carte ?

messieurs-dames [mesjødam]	meine Damen und Herren
un **apéritif** [ɛ̃napeʀitif]	ein Aperitif
en [ɑ̃]	davon *(Pronomen)*
boire [bwaʀ]	trinken
beaucoup [boku]	viel
cher/chère [ʃɛʀ]	teuer
la **viande** [lavjɑ̃d]	das Fleisch
le **poisson** [ləpwasɔ̃]	der Fisch
à mon avis [amɔ̃navi]	meiner Meinung nach
trop de [tʀodə]	zu viel
Vous avez choisi ? [vuzavɛʃwazi]	Haben Sie (schon) gewählt?
à 15 € [akɛ̃zøʀo]	zu 15 €
comme [kɔm]	als
terminer [tɛʀmine]	fertig sein
Ça a été ? [saaete]	War alles in Ordnung?
pour finir [puʀfiniʀ]	zum Schluss
recommander qc à qn [ʀəkɔmɑ̃de]	jdm etw. empfehlen
une **addition** [ynadisjɔ̃]	eine Rechnung *(im Restaurant)*
un **verre** [ɛ̃vɛʀ]	ein Glas

Ça fait… [safɛ]	Das sind …/Das macht …
On paie. [õpɛ]	Wir zahlen.
partager qc [paʀtaʒe]	etw. teilen

Partager wird wie *manger* konjugiert.

Atelier A

un **pourboire** [ɛ̃purbwaʀ]	ein Trinkgeld

Texte B : Un pot d'adieu

un **pot d'adieu** [ɛ̃podadjø]	ein Abschiedsumtrunk
un/une **chef-comptable** [ɛ̃/ynʃɛfkõtabl]	ein Chef/eine Chefin der Buchhaltung
prendre sa retraite [pʀɑ̃dʀsaʀətʀɛt]	in Rente gehen
organiser qc [ɔʀganize]	etw. organisieren
un **traiteur** [ɛ̃tʀɛtœʀ]	ein Feinkostladen; *(hier)* ein Catering-Service
demander qc [dəmɑ̃de]	*(hier)* etw. anfordern
un **devis** [ɛ̃dəvi]	ein Kostenvoranschlag
un **buffet** [ɛ̃byfɛ]	ein Büffet
un **cadeau** [ɛ̃kado]	ein Geschenk
un **camembert** [ɛ̃kamɑ̃bɛʀ]	ein Camembert-Käse
un **assistant de direction**/ une **assistante de direction** [ɛ̃nasistɑ̃dədiʀɛksjõ/ ynasistɑ̃ntdədiʀɛksjõ]	ein Assistent/eine Assistentin der Geschäftsleitung
les **préparatifs** *(m., pl.)* [lepʀepaʀatif]	die Vorbereitungen
aider qn [ede]	jdm helfen
commencer par qc [kɔmɑ̃sepaʀ]	mit etw. anfangen
tout/toute/tous/toutes [tu/tus/tut]	ganz *(+ Nomen)*
tout/toute/tous/toutes [tu/tus/tut]	alle *(+ Nomen)*
prendre rendez-vous [pʀɑ̃dʀʀɑ̃devu]	einen Termin ausmachen
un **détail** [ɛ̃detaj]	ein Detail
à régler [aʀegle]	zu klären
mesdames *(f., pl.)* [medam]	meine Damen
une **personne** [ynpɛʀsɔn]	eine Person
une **vitrine** [ynvitʀin]	ein Schaufenster
beaucoup de [bokudə]	viel(e) *(bei Mengen)*
donner faim à qn [dɔnefɛ̃]	jdm Hunger/Appetit machen
un peu de [ɛ̃pødə]	ein wenig/ein bisschen *(bei Mengen)*
la **charcuterie** [laʃaʀkytʀi]	die Wurstwaren

venir [vəniʀ]	kommen
une **formule** [ynfɔʀmyl]	eine Formel
sucré/sucrée [sykʀe]	süß
salé/salée [sale]	salzig
des **petits fours** *(m., pl.)* [depətifuʀ]	Kleingebäck
un **plateau** [ɛ̃plato]	*(hier)* eine Platte
une **pâtisserie** [ynpɑtisʀi]	ein Gebäck/Kuchen
donc [dõk]	also
compris/comprise [kõpʀi/kõpʀiz]	inklusiv
proposer qc [pʀɔpoze]	etw. anbieten/vorschlagen

Pour en savoir plus . . .

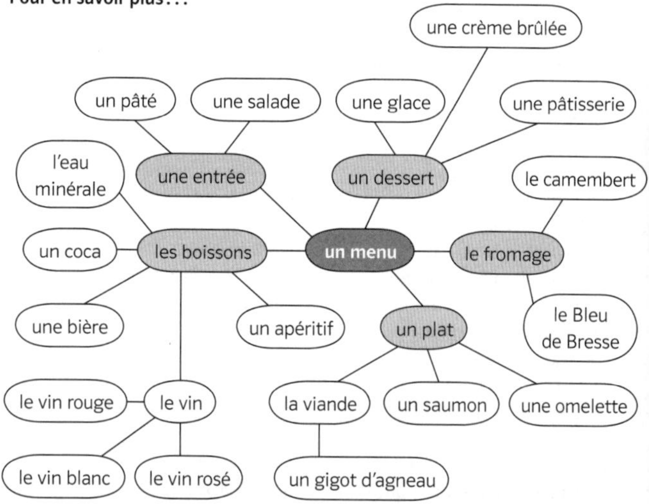

Les quantités – die Mengenangaben	
un **gramme** (de beurre) un **kilo** (de carottes) un **litre** (de lait) un **pot** (de crème) une **boîte** (d'œufs) une **bouteille** (de vin)	**un peu de . . .** **beaucoup de . . .** **trop de . . .**

Konjugieren Sie das Verb *manger*.

Nennen Sie 2 weitere Verben, die wie *manger* konjugiert werden.

Wie heißen folgende Lebensmittel auf Französisch?

1

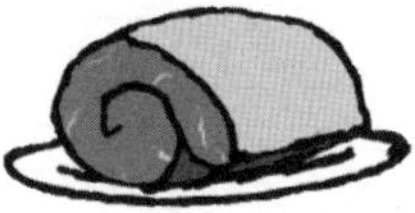

2

3

4

5

6

7

8

Übersetzen Sie die Szene im Restaurant.

Guten Tag! Einen Tisch für drei bitte.

___

Hier ist die Karte. Trinken Sie einen Aperitif?

___

Nein, danke. Wir nehmen dreimal das Tagesmenü.
Als Vorspeise dreimal den Chefsalat.

___

___

Und als Hauptgericht?

___

Zweimal das Steak und einmal den Lachs.
Dazu noch eine Flasche Rotwein und eine Karaffe Wasser.

___

___

War alles in Ordnung?

___

Ja, vielen Dank. Bringen Sie uns bitte die Rechnung?

___

Welche fünf Begriffe aus der Lektion lassen sich mit folgendem Ausdruck kombinieren?

une bouteille de/d' ___

___

Lesen Sie den Einkaufszettel und sagen Sie, was zu kaufen ist.

lait (1l)
eau (2 bouteilles)
viande hachée (500g)
œufs (1 boîte)
crème (2 pots)

Il faut ____________________

____

____

____

Übersetzen Sie.

viele Geschenke ____________________

ein wenig Kuchen ____________________

kein Eis ____________________

zu viel Butter ____________________

alle Weinflaschen ____________________

kein Käse mehr ____________________

Welches Wort tanzt aus der Reihe? Umkreisen Sie es.

tester	un menu	un plat	une carte
une omelette	une bière	un coca	une eau minérale
un buffet	un devis	une formule	un œuf
une bouteille	un pot	un verre	un poisson
organiser	proposer	beaucoup	recommander
une salade	une crème brûlée	une glace	un gâteau
une boîte	les préparatifs	organiser	un pot d'adieu
frais	partager	cher	salé

Leçon 9 : Tous consommateurs

Einmal täglich: Lernen Sie jeden Tag 10 Minuten Vokabeln. Das ist besser, als nur einmal in der Woche eine Stunde zu lernen.

Accueil

tous [tus]	alle
un **consommateur**/ une **consommatrice** [ɛ̃kõsɔmatœʀ/ynkõsɔmatʀis]	ein Verbraucher/ eine Verbraucherin
l'**épicerie du coin** [lepisʀidykwɛ̃]	der Tante-Emma-Laden
un **fruit** [ɛ̃fʀɥi]	eine Frucht *(des fruits = Obst)*
une **carte postale** [ynkaʀt(ə)pɔstal]	eine Postkarte
ouvert/ouverte [uvɛʀ/uvɛʀt]	offen
7 jours sur 7 [sɛtʒuʀsyʀsɛt]	7 Tage die Woche
un **hypermarché** [ɛ̃nipɛʀmaʀʃe]	ein riesiger Supermarkt
un **choix** [ɛ̃ʃwa]	eine Auswahl
la **périphérie** [lapeʀifeʀi]	der Stadtrand
le **hard discount** [ləaʀddiskunt]	der Discounter
peu de [pødə]	wenig/wenige
un **prix** [ɛ̃pʀi]	ein Preis
intéressant/intéressante [ɛ̃teʀesɑ̃/ɛ̃teʀesɑ̃t]	interessant
un **marché** [ɛ̃maʀʃe]	ein Markt
deux fois [døfwa]	zweimal
les **parents** *(m., pl.)* [lepaʀɑ̃]	die Eltern
avec moi [avɛkmwa]	mit mir
Ça se termine… [sas(ə)tɛʀmin]	Es endet …
préférer qc [prefere]	etw. vorziehen/lieber mögen

préférer : je préf**è**re, tu préf**è**res, il/elle/on préf**è**re
nous préf**é**rons, vous préf**é**rez, ils/elles préf**è**rent
j'ai **préféré**

ce/cet/cette/ces [sə/sɛt/sɛt/se]	dieser/diese/dieses *(Demonstrativbegleiter)*
une **station-service** [ynstasjõsɛʀvis]	eine Tankstelle
les **pâtes** *(f., pl.)* [lepɑt]	Nudeln
une **conserve** [ynkõsɛʀv]	eine Dose/Konserve
une **marque** [ynmaʀk]	eine Marke

connu/connue [kɔny]	bekannt
ne… jamais [nəʒamɛ]	nie

Texte A : La dernière tendance

une **tendance** [yntɑ̃dɑ̃s]	eine Tendenz; *(hier)* ein Trend
vieux/vieil/vieille/vieux/vieilles [vjø/vjɛj]	alt
un **jean** [ɛ̃dʒin]	eine Jeans
un **imper** [ɛ̃nɛ̃pɛʀ]	ein Regenmantel
informe [ɛ̃fɔʀm]	formlos/ausgeleiert
nouveau/nouvel/nouvelle/ nouveaux/nouvelles [nuvo/nuvɛl]	neu
des **vêtements** *(m., pl.)* [devɛtmɑ̃]	Kleider/Kleidung
des **soldes** *(f., pl.)* [desɔld]	der (Saison-)Schlussverkauf
beau/bel/belle/beaux/belles [bo/bɛl]	schön
un **manteau** [ɛ̃mɑ̃to]	ein Mantel
essayer qc [eseje]	etw. anprobieren
une **jupe** [ynʒyp]	ein Rock
une **minijupe** [ynminiʒyp]	ein Minirock
un **t-shirt** [ɛ̃tiʃœʀt]	ein T-Shirt
moulant/moulante [mulɑ̃/mulɑ̃t]	eng
une **chaussure** [ynʃosyʀ]	ein Schuh
un **ensemble** [ɛ̃nɑ̃sɑ̃bl]	ein Outfit
court/courte [kuʀ/kuʀt]	kurz
large [laʀʒ]	weit
une **cabine** [ynkabin]	eine (Umkleide-)Kabine
libre [libʀ]	frei
avoir envie (de faire qc) [avwaʀɑ̃vi]	Lust haben (etw. zu tun)
aller à qn [alea]	jdm stehen
une **taille** [yntaj]	eine Größe
un **modèle** [ɛ̃mɔdɛl]	ein Modell
une **couleur** [ynkulœʀ]	eine Farbe
sur moi [syʀmwa]	bei mir; *(hier)* dabei
sûr/sûre [syʀ]	sicher
Ça change. [saʃɑ̃ʒ]	Das ist (einmal) etwas Anderes.
payer qc [peje]	etw. zahlen

payer : je paie, tu paies, il/elle/on paie
nous payons, vous payez, ils/elles paient
j'ai **payé**

sinon [sinõ]	ansonsten/sonst

changer d'avis [ʃɑ̃ʒedavi]	seine Meinung ändern
en espèces *(f., pl.)* [ɑ̃nɛspɛs]	bar
une **carte bleue** [ynkaʀtəblø]	eine Kreditkarte
un **chèque** [ɛ̃ʃɛk]	ein Scheck
un **carnet de chèques** [ɛ̃kaʀnɛd(ə)ʃɛk]	ein Scheckheft
un **anniversaire** [ɛ̃anivɛʀsɛʀ]	ein Geburtstag
justement [ʒystəmɑ̃]	genau
Chic alors ! [ʃikalɔʀ]	Toll! *(Ausdruck der Begeisterung)*

Atelier A

une **ratatouille** [ynʀatatuj]	ein Ratatouille

Texte B : Sa première voiture

des **vacances** *(f., pl.)* [devakɑ̃s]	Ferien
une/une **bénévole** [ɛ̃/ynbenevɔl]	ein Freiwilliger/eine Freiwillige
un **festival** [ɛ̃fɛstival]	ein Festival
décider (de faire qc) [deside]	entscheiden (etw. zu tun)
mettre [mɛtʀ]	etw. anziehen; etw. legen/setzen/stellen; *(hier)* aufgeben

mettre : je met**s**, tu met**s**, il/elle/on me**t**
nous me**tt**ons, vous me**tt**ez, ils/elles me**tt**ent
j'ai **mis**

d'occasion [dɔkazjɔ̃]	Gebraucht-
acheter qc [aʃ(ə)te]	etw. kaufen

acheter : j'ach**è**te, tu ach**è**tes, il/elle/on ach**è**te
nous ach**e**tons, vous ach**e**tez, ils/elles ach**è**tent
j'ai **acheté**

en bon état [ɑ̃bɔneta]	im guten Zustand
à débattre [adebatʀ]	zu verhandeln
Quel… ! [kɛl]	Was für ein …!
un genre de… [ɛ̃ʒɑ̃ʀ]	eine Art …
appeler qn [apəle]	jdn (an)rufen

appeler : j'appe**ll**e, tu appe**ll**es, il/elle/on appe**ll**e
nous appe**l**ons, vous appe**l**ez, ils/elles appe**ll**ent
j'ai **appelé**

quel/quels/quelle/quelles [kɛl]	welcher/welche/welches *(Fragebegleiter)*
une année de construction [ynanedəkõstʀuksjõ]	ein Baujahr
un **autoradio** [ɛ̃notoʀadjo]	ein Autoradio
une **option** [ynɔpsjõ]	eine Sonderausstattung
la **clim** *(= la climatisation)* [laklim(atizasjõ)]	die Klimaanlage
un **airbag** [ɛ̃nɛʀbag]	ein Airbag
la **direction assistée** [ladiʀɛksjõasiste]	die Servolenkung
un **tour** [ɛ̃tuʀ]	eine Tour
faire le tour de qc [fɛʀlətuʀ]	eine Runde um etw. machen/ um etw. herumgehen
un **rétroviseur** [ɛ̃retʀɔvizœʀ]	ein Rückspiegel/Seitenspiegel
un **coffre** [ɛ̃kɔfʀ]	ein Kofferraum
sous [su]	unter
un **capot** [ɛ̃kapo]	eine (Motor-)Haube
un **avantage** [ɛ̃navɑ̃taʒ]	ein Vorteil
le **contrôle technique** [ləkõtʀoltɛknik]	der TÜV
passer le contrôle technique [paseləkõtʀoltɛknik]	durch den TÜV durchkommen
allumer qc [alyme]	etw. anmachen
un **phare** [ɛ̃faʀ]	ein Scheinwerfer
un **clignotant** [ɛ̃kliɲɔtɑ̃]	ein Blinker
les **freins** *(m., pl.)* [lefʀɛ̃]	die Bremsen
rouler [ʀule]	fahren
un **permis de conduire** [ɛ̃pɛʀmid(ə)kõdɥiʀ]	ein Führerschein
revenir [ʀəv(ə)niʀ]	zurückkommen
avoir l'air *(m.)* [avwaʀlɛʀ]	aussehen
discuter le prix [diskyteləpʀi]	verhandeln
faire le plein [fɛʀləplɛ̃]	voll tanken

Pour en savoir plus...

Les vêtements	
des chaussures *(f. pl.)*	un pull
un jean	une robe
une (mini-)jupe	un sac
un manteau	un t-shirt
un pantalon	une veste

Les couleurs	
blanc(he)	weiß
bleu(e)	blau
<gris(e)> [gʀi(z)]	grau
<jaune> [ʒon]	gelb
<marron> *(inv.)* [maʀõ]	braun
noir(e)	schwarz
<orange> [ɔʀɑ̃ʒ]	orange
<rose> [ʀoz]	rosa
rouge	rot
vert(e)	grün
<violet(te)> [vjɔlɛ(t)]	lila

En voiture		
la voiture	les options	rouler
le capot le coffre les freins le rétroviseur les phares le clignotant	la clim(atisation) l'air-bag un auto-radio la direction assistée	le permis de conduire le contrôle technique passer le contrôle technique faire le plein

Konjugieren Sie die Verben *acheter*, *payer* und *préférer*. Markieren Sie die Stellen farbig, an denen sich der Verbstamm verändert.

acheter	payer	préférer

Schreiben Sie je ein weiteres Verb auf, das ebenso konjugiert wird wie:

payer : ______________________________

préférer : ______________________________

Welche Wörter zum Thema Auto verstecken sich in der Buchstabensuppe? Schreiben Sie die Übersetzung dazu.

TLNIAOTCNG ______________ = ______________

IMPSRE ED EOINCUDR ______________ = ______________

EETIVRRORUS ______________ = ______________

TNCORLEO QEENCIUTH ______________ = ______________

ERFISN ______________ = ______________

ORINTECID SEASTSIE ______________ = ______________

OATCP ______________ = ______________

FECROF ______________ = ______________

Wie heißen folgende Kleidungsstücke auf Französisch?

Beschreiben Sie Ihre Lieblingskleidung und deren Farben.

J'aime

Wie können Sie ausdrücken, dass ...

Ihrem Freund/Ihrer Freundin dieses Outfit gut steht?

____

Sie diese Hose in einer anderen Größe anprobieren wollen?

____

dieser Rock nicht teuer und im Trend ist?

____

Schlussverkauf ist?

____

Wie fragen Sie, ...

ob die Umkleidekabine frei ist?

____

welche Sonderausstattung dieses Auto hat?

____

ob das Auto durch den TÜV durchgekommen ist?

____

ob man den Preis verhandeln kann?

____

welche Vorteile das Auto hat?

____

Nennen Sie auf Französisch drei Zahlungsarten.

Je peux payer ________________________________

____

Leçon 10 : Voyage en Provence

Vergessen Sie nicht, auch die Vokabeln aus früheren Lektionen zu wiederholen!

Accueil

la **Provence** [lapʀovɑ̃s]	die Provence *(Region in Südfrankreich)*
à côté de [akɔtedə]	neben
un **cheval**/des **chevaux** [ɛ̃ʃəval/deʃəvo]	ein Pferd
chez qui [ʃeki]	bei wem
un **musicien**/une **musicienne** [ɛ̃myzisjɛ̃/ynmyzisjɛn]	ein Musiker/eine Musikerin
important/importante [ɛ̃pɔʀtɑ̃/ɛ̃pɔʀtɑ̃t]	wichtig
un **continent** [ɛ̃kõtinɑ̃]	ein Kontinent
l'**Europe** *(f.)* [lørɔp]	Europa
l'**Afrique** *(f.)* [lafʀik]	Afrika
l'**Asie** *(f.)* [lazi]	Asien
l'**Australie** *(f.)* [lostʀali]	Australien
un **spectateur**/une **spectatrice** [ɛ̃spɛktatœʀ/ynspɛktatʀis]	ein Zuschauer/ eine Zuschauerin
l'**Italie** *(f.)* [litali]	Italien
le **Luxembourg** [ləlyksɑ̃buʀ]	Luxembourg
les **Pays-Bas** *(m., pl.)* [lepeiba]	die Niederlande
la **Suisse** [lasɥis]	die Schweiz
voisin/voisine [vwazɛ̃/vwazin]	Nachbar-
oublier qc [ublie]	etw. vergessen
juillet *(m.)* [ʒɥijɛ]	Juli
le **Danemark** [lədanmaʀk]	Dänemark
la **Hongrie** [laõgʀi]	Ungarn
l'**Autriche** *(f.)* [lotʀiʃ]	Österreich
la **Belgique** [labɛlʒik]	Belgien
l'**Espagne** *(f.)* [lɛspaɲ]	Spanien
les **Etats-Unis** *(m., pl.)* [lezetasyni]	die Vereinigten Staaten
le **Portugal** [ləpɔʀtygal]	Portugal
le **Brésil** [ləbʀezil]	Brasilien

Texte A : Les vacances d'Alex à Arles

faire la route [fɛʀlaʀut]	eine Strecke fahren
C'est galère ! *(fam.)* [sɛgalɛʀ]	Das ist anstrengend!
un **four** [ɛ̃fuʀ]	ein Ofen
un **bouchon** [ɛ̃buʃõ]	ein Stau
une **autoroute** [ynotoʀut]	eine Autobahn
avoir besoin de qc [avwaʀbəswɛ̃də]	etw. brauchen
espagnol/espagnole [ɛspaɲɔl]	spanisch
fonctionner [fõksjɔne]	funktionieren
faire le festival [fɛʀləfɛstival]	an dem Festival teilnehmen
un **Danois**/une **Danoise** [ɛ̃danwa/yndanwaz]	ein Däne/eine Dänin
hongrois/hongroise [õgʀwa/õgʀwaz]	ungarisch
un **Portugais**/une **Portugaise** [ɛ̃pɔʀtygɛ/ynpɔʀtygɛz]	ein Portugiese/eine Portugiesin
un **DJ** [ɛ̃didʒɛ]	ein DJ
un **toit** [twa]	ein Dach
juste [ʒyst]	direkt
derrière [dɛʀjɛʀ]	hinter/hinten
un **théâtre** [ɛ̃teɑtʀ]	ein Theater
antique [ɑ̃tik]	Antik-
top *(fam.)* [tɔp]	top *(ugs.)*
un/une **artiste** [ɛ̃/ynaʀtist]	ein Künstler/eine Künstlerin
inviter qn [ɛ̃vite]	jdn einladen
Vivement demain ! [vivmɑ̃dəmɛ̃]	Ich freue mich auf morgen!
un **saxophone** [ɛ̃saksɔfɔn]	ein Saxofon
faire équipe [fɛʀekip]	ein Team bilden
une **loge** [ynlɔʒ]	eine Loge
le **public** [ləpyblik]	das Publikum
africain/africaine [afʀikɛ̃/afʀikɛn]	afrikanisch
chanter [ʃɑ̃te]	singen
Incroyable ! [ɛ̃kʀwajabl]	Unglaublich!
jouer [ʒue]	spielen
une **scène** [ynsɛn]	eine Bühne
dur/dure [dyʀ]	hart
cassé/cassée *(fam.)* [kase]	fertig *(ugs.)*
un **fou**/une **folle** [ɛ̃fu/ynfɔl]	ein Verrückter/eine Verrückte
le **repos** [ləʀ(ə)po]	die Ruhe

Atelier A

l'**Allemagne** *(f.)* [lal(ə)maɲ]	Deutschland
la **nationalité** [lanasjɔnalite]	die Nationalität
Je suis né(e)… [ʒəsɥine]	Ich bin geboren …
un **instrument** [ɛ̃nɛ̃stʀymɑ̃]	ein Instrument

Texte B : Week-end à la mer

se lever [səl(ə)ve]	aufstehen

se lever : je me l**è**ve, tu te l**è**ves, il/elle/on se l**è**ve
nous nous levons, vous vous levez, ils/elles se l**è**vent

se demander [səd(ə)mɑ̃de]	sich fragen
déposer qn [depoze]	jdn absetzen
rentrer [ʀɑ̃tʀe]	zurückgehen/zurückfahren
se dépêcher [sədepeʃe]	sich beeilen
C'est un bon plan. *(fam.)* [setɛ̃bɔ̃plɑ̃]	Das ist ein guter Plan.
se déplacer [sədeplase]	sich bewegen
s'énerver [senɛʀve]	sich aufregen
se passer [səpase]	laufen
comme prévu [kɔmpʀevy]	zurecht kommen
On se calme ! *(fam.)* [ɔ̃səkalm]	Ruhig bleiben!
se calmer [səkalme]	sich beruhigen
au retour [oʀətuʀ]	auf der Rückfahrt
un **bus** [ɛ̃bys]	ein Bus
s'amuser [samyze]	Spaß haben
s'arrêter [saʀete]	anhalten
se diriger vers [sədiʀiʒe]	zugehen auf
vers qn [vɛʀ]	auf jdn zu
tout de suite [tud(ə)sɥit]	sofort
le **sable** [ləsabl]	der Sand
un **étang** [ɛ̃netɑ̃]	ein Teich
sauvage [sovaʒ]	wild
se baigner [səbeɲe]	baden
l'**office du tourisme** *(m.)* [lɔfisdytuʀism]	das Fremdenverkehrsamt
se **renseigner** [səʀɑ̃seɲe]	sich erkundigen
un **pique-nique** [ɛ̃piknik]	ein Picknick
bronzer [bʀɔ̃ze]	sich bräunen
s'habiller [sabije]	sich anziehen
se reposer [səʀ(ə)poze]	sich ausruhen

à pied [apje]	zu Fuß
à cheval [aʃəval]	mit dem Pferd
louer [lue]	mieten
réserver qc [ʀezɛʀve]	etw. reservieren
une chambre d'hôte [ynʃɑ̃bʀdot]	ein Pensionszimmer
une **manade** [ynmanad]	eine Herde; *(hier)* das Haus eines Stierzüchters
un **taureau**/des **taureaux** [ɛ̃tɔʀo/detɔʀo]	ein Stier
se trouver [sətʀuve]	sich befinden
se regarder [səʀ(ə)gaʀde]	sich anschauen
se moquer de qn [səmɔke]	jdn auslachen
se présenter [səpʀezɑ̃te]	sich vorstellen
fatigué/fatiguée [fatige]	müde
se coucher [səkuʃe]	ins Bett gehen
se fâcher [səfɑʃe]	sich ärgern
monter à cheval [mõteaʃəval]	reiten
Pas de souci ! [pad(ə)susi]	keine Sorge/kein Problem
s'occuper de qn/qc [sɔkype]	sich um jdn/etw. kümmern
en calèche [ɑ̃kalɛʃ]	mit der Kutsche

Pour en savoir plus...

Les mois de l'année

janvier [ʒɑ̃vje]	Januar	juillet [ʒyijɛ]	Juli
février [fevʀije]	Februar	août [ut]	August
mars [maʀs]	März	septembre [sɛptɑ̃bʀ]	September
avril [avʀil]	April	octobre [ɔktɔbʀ]	Oktober
mai [mɛ]	Mai	novembre [nɔvɑ̃bʀ]	November
juin [ʒɥɛ̃]	Juni	décembre [desɑ̃bʀ]	Dezember

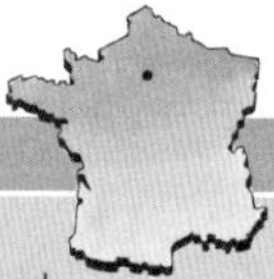

Les pays

le Brésil		la Belgique	
le Danemark		la Croatie> [lakʀoasi]	Kroatien
<le Kazakhstan> [ləkazakstɑ̃]	Kazakhstan	<la Grèce> [lagʀɛs]	Griechenland
		la Hongrie	
le Luxembourg		<la Russie> [laʀysi]	Russland
le Portugal		<la Serbie> [lasɛʀbi]	Serbien
l'Allemagne		la Suisse	
l'Autriche		<la Turquie> [latyʀki]	die Türkei
l'Australie		les Etats-Unis	
l'Espagne		les Pays-Bas	
l'Italie			

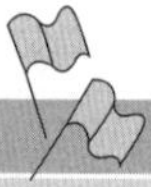

Les nationalités

allemand, allemande	hollandais, hollandaise
américain, américaine	hongrois, hongroise
australien, australienne	italien, italienne
autrichien, autrichienne	<kazakh, kazakh>
belge, belge	luxembourgeois, luxembourgeoise
brésilien, brésilienne	portugais, portugaise
<croate, croate>	<russe, russe>
danois, danoise	<serbe, serbe>
espagnol, espagnole	suisse, suisse
<grec, grecque>	<turc, turque>

Finden Sie als Synonym ein Reflexivverb.

être en colère : ______________________________

aller vite : ______________________________

mettre ses vêtements : ______________________________

nager : ______________________________

faire une pause : ______________________________

quitter son lit : ______________________________

Finden Sie für jedes Bild ein passendes Reflexivverb.

1

Léo ______________________________

2

Il ______________________________

3

Il ______________________________

4

Le bus ______________________________

5

Léo ______________________________

Markieren Sie anschließend die Verben, die im Deutschen nicht durch ein Reflexivverb ausgedrückt werden.

Welche Präpositionen des Ortes passen zu diesen Bildern?

Schreiben Sie Ländernamen auf, die Sie bereits kennen.

Maskulinum	Femininum	Plural

Sagen Sie, aus welchem Land Sie kommen, welche Nationalität Sie haben und wohin Sie dieses Jahr in Urlaub fahren.

Was passt zusammen? Verbinden Sie.

louer	un hôtel
faire	des vélos
réserver	à l'office du tourisme
se renseigner	équipe

Was heißt auf Französisch ...

ein Stau	____________	wie geplant	____________
zu Fuß	____________	sich ausruhen	____________
Spaß haben	____________	eine Autobahn	____________

Notieren Sie die Monatsnamen, die zu folgenden Bildern passen.

1

____

2

____

3

____

4

____

5

____

6

____

Lektion 1

Seite 8

1. une invitation; 2. des légumes ; 3. un garçon ; 4. une équipe ; 5. des élèves ; 6. un hôtel ; 7. une fille ; 8. un apprenti

Seite 9

Mögliche Antworten:
un bureau ; un dossier ; un contrat ; un apprenti
une apprentie ; la pâtisserie ; un chef ; une cuisine
un prof ; une classe ; le français ; des élèves

1. Bonjour monsieur./Bonjour madame. ; 2. Ça va ; 3. Je suis…/Moi, c'est…/Je m'appelle… ; 4. Salut !

tu arrives – kommen/ankommen ; il/elle/on cherche – suchen ; nous écoutons – zuhören ; vous entrez – eintreten/betreten/hereinkommen ; ils/elles habitent – wohnen ; je lave – waschen/spülen ; tu prépares – vorbereiten/zubereiten ; il/elle/on regarde – (an)sehen/anschauen/betrachten ; nous travaillons – arbeiten

Lektion 2

Seite 14

un/une propriétaire ; une colocation ; visiter ; un immeuble ; les papiers ; avoir rendez-vous

männliche Nomen: le soleil ; un travail ; un service ; un appartement ; un voyage
weibliche Nomen: une place ; une gare

C'est marrant. – C'est nul ! – Ça ne va pas trop.

Seite 15

1. Nina et le chef vont aux Halles. ; 2. Nous allons à la gare. ; 3. Tu vas au lycée. ; 4. Lucie va au cinéma. ; 5. Vous allez à l'hôtel. 6. Je vais au supermarché.

tout à coup ; congé ; aujourd'hui ; vendeuse

Lektion 3

Seite 19

1. l'athlétisme ; 2. le basket(-ball) ; 3. la danse ; 4. l'équitation ; 5. l'escalade ; 6. le judo ; 7. le kayak ; 8. la natation ; 9. la pétanque ; 10. la planche à voile ; 11. le roller ; 12. le rugby ; 13. le ski ; 14. le vélo ; 15. le VTT.

Seite 20
fréquence = Frequenz ; émission = Sendung ; technicien = Techniker ; casque = Kopfhörer ; maquette = Demo ; interview = Interview ; micro = Mikro

animateurs ; CV ; motivation ; essais ; émission ; loisirs ; qu'est-ce que ; est-ce que ; m'appelle ; athlétisme/équitation/escalade ; basket(-ball)/ judo/kayak/roller/rugby/ski/vélo/VTT ; danse/natation/pétanque/planche à voile

Seite 21
Les filles ne travaillent pas pendant l'été. ;
Un technicien montre le studio à Mathieu. ;
Manon donne un magazine aux garçons. ;
Alex explique le problème à Nina.

Je m'appelle… et j'ai… ans. J'habite… Le numéro de téléphone/de portable, c'est… Je fais du/de l'/de la… Pendant les vacances, je vais…

Lektion 4

Seite 26
1. l'entrée ; 2. les W.-C. ; 3. la chambre ; 4. le salon ; 5. la cuisine ; 6. la salle de bains

où est-ce que ; quand est-ce que ; comment est-ce que ; est-ce que

Seite 27
A quelle heure est-ce que vous allez au parc ?; Il est quelle heure ?

Il est neuf heures quarante./Il est dix heures moins vingt.
Il est onze heures quarante-cinq./Il est midi moins quart.
Il est quatorze heures trente./Il est deux heures et demie.
Il est dix-sept heures cinquante-cinq./Il est six heures moins cinq.
Il est vingt heures cinq./Il est huit heures cinq.
Il est vingt-trois heures cinquante./Il est onze heures moins dix.
Il est minuit quinze./Il est minuit et quart.

Seite 28
1. Manon et Lucie prennent le petit-déjeuner.
2. Il y a des sandwichs. Les boissons et les gâteaux sont sur la table.
3. Lucie et ses copains font des gâteaux.

Je déteste… ; J'en ai marre !/Je suis en colère.; Arrête tes bêtises !

Lektion 5

Seite 33

Individuelle Antworten (s. Übersicht über die Fächer auf Seite 32)

un emploi du temps (Alle anderen Begriffe bezeichnen Personen.)
→ un/une documentaliste
un CDI (Alle anderen Begriffe sind weiblich.) → une classe
penser (Alle anderen Begriffe haben mit Stress zu tun.) → une crise
un débouché (Alle anderen Begriffe bezeichnen Fächer) → l'anglais
un SMS (Alle anderen Begriffe haben etwas mit Computer zu tun)
→ une hotline
l'économie (Alle anderen Begriffe sind männlich) → le droit

craquer = ausflippen; raconter = erzählen; écrire = schreiben;
redoubler = sitzen bleiben; penser = denken; stresser = stressen.

Seite 34

Nous écrivons un rapport de stage. ; Tu penses à une interro. ;
Vous racontez une histoire. ; Elles lisent un livre.

Mögliche Antworten:
1. Lucie est allée au lycée. ; 2. Elle a eu un cours de français. ;
3. Elle est allée à la cantine avec Farid. ; 4. Elle a fait ses devoirs.

Seite 35

la seconde, la première, la terminale ; un lycéen/une lycéenne ;
un enseignant ; un/une documentaliste ; Je n'ai pas le niveau,
je vais redoubler. ; J'ai la trouille. ; Il faut…

février ↔ juin ; un élève ↔ une lycéenne ; un site ↔ un blog ;
une cantine ↔ un repas ; une interro ↔ un bac blanc ;
un virus ↔ une hotline ; un visiteur ↔ une journée portes ouvertes ;
un portable ↔ un SMS

Lektion 6

Seite 40

contents ; sacs énormes ; marrants ; grands ; touriste allemande ; jolie ;
veste blanche/noire ; pantalon blanc/noir ; emballée ; sympas

gleiche Form m./f.: autre ; énorme ; simple ; quatrième ; rouge ; sympa ;
cool ; super

regelmäßige Adjektive: marrant ; allemand ; vrai ; content ; jolie ; petit ; parfait ; bleu ; vert ; noir ; emballé
unregelmäßige Adjektive: cher/chère ; bon/bonne ; blanc/blanche
unveränderliche Adjektive: cool ; super

Seite 41
un pantalon bleu ; une robe blanche ; des vestes noires ; des pulls rouges

un guide ; un garçon ; stations ; un guide ; une passante

grand ≠ petit ; On monte. ≠ On descend. ; noir ≠ blanc ; ici ≠ ailleurs

Seite 42
interdire qc à qn ; dire qc à qn ; demander qc à qn ; raconter qc

Il est interdit de téléphoner. ; Ça m'intéresse. ; Ça me plaît. ;
Excusez-moi, je cherche la tour Eiffel./la tour Eiffel est où ?

Vous traversez la place de la Bastille. ;
Vous allez tout droit puis vous tournez à droite. ;
Vous prenez la première rue à gauche, puis la troisième rue à droite.

Lektion 7

Seite 48
La DRH et le chef du service marketing veulent un café.
Meike doit préparer une présentation.
Si vous avez des questions, vous pouvez me contacter.
Nous devons régler le problème.
Je veux travailler dans le département de la recherche.
Est-ce que tu peux venir à la réunion ?
Au travail, il faut être diplomate.
Dans une colocation, il ne faut pas être compliqué.

Mögliche Beispielsätze:
avoir peur : Aujourd'hui, c'est mon premier jour et j'ai un peu peur.
donner son avis sur qc : Notre stagiaire a donné son avis sur nos produits.
avoir de la chance : Demain, nous ne travaillons pas, nous avons de la chance !
tourner autour du pot : Les Français tournent autour du pot.
faire vite : Je fais vite parce que j'ai encore une réunion.

Seite 49
une stagiaire ; une directrice ; une responsable ; une amie ;
une étudiante ; une collègue

contacter = kontaktieren ; apprendre = lernen ; régler = regeln ;
confier = anvertrauen ; présenter = vorstellen ; étonner = erstaunen

emballé/emballée : spécialisé ; stressé ; compliqué
cher/chère : étranger ; dernier
énorme : automobile ; agricole ; responsable ;
petit/petite : français ; différent ; direct ; prêt

simple ≠ compliqué ; premier ≠ dernier

Seite 50
Mögliche Antworten:
1. La stagiaire est devant l'ordinateur, elle écrit des e-mails et cherche des informations pour une présentation qu'elle doit préparer.
2. Elle participe à une réunion avec la DRH et des collègues. Ils parlent des produits.
3. Elle prend un café et discute avec ses collègues.
4. Elle téléphone à des clients.
5. Elle doit préparer une présentation, écrire des e-mails, téléphoner… Ce n'est pas simple !

Lektion 8

Seite 55
je mange, tu manges, il/elle/on mange, nous mangeons,
vous mangez, ils/elles mangent / j'ai mangé
partager, *ranger*, *changer* werden wie *manger* konjugiert.

1. un poisson ; 2. la viande ; 3. le beurre ; 4. le vin ; 5. les légumes ;
6. le lait ; 7. la glace ; 8. le fromage

Seite 56
- Bonjour ! Une table pour trois, s'il vous plaît !
- Voilà la carte. Vous prenez/buvez un apéritif ?
- Non merci. Nous prenons trois menus du jour.
  Comme entrée, trois salades du chef.
- Et comme plat ?
- Deux steaks et un saumon. Et une bouteille de vin rouge et
  une carafe d'eau.
- Ça a été ?
- Oui, merci. L'addition, s'il vous plaît.

une bouteille d'eau, de lait, de vin, de coca, de bière

Seite 57
Il faut un litre de lait, deux bouteilles d'eau, 500 g de viande hachée, une boîte d'œufs et deux pots de crème.

beaucoup de cadeaux ; un peu de gâteau ; pas de glace ; trop de beurre ; toutes les bouteilles de vin ; plus de fromage

tester ; une omelette ; un œuf ; un poisson ; beaucoup ; une salade ; une boîte ; partager

Lektion 9

Seite 63
acheter : j'achète, tu achètes, il/elle/on achète, nous achetons, vous achetez, ils/elles achètent.
payer : je paie, tu paies, il/elle/on paie, nous payons, vous payez, ils/elles paient.
préférer : je préfère, tu préfères, il/elle/on préfère, nous préférons, vous préférez, ils/elles préfèrent.
wie payer: essayer; **wie préférer**: régler

un clignotant = Blinker; le permis de conduire = Führerschein; un rétroviseur = Rückspiegel/Seitenspiegel; le contrôle technique = TÜV; les freins = Bremsen; la direction assistée = Servolenkung; un capot = Motorhaube; un coffre = Kofferraum

Seite 64
des chaussures ; un imper ; une robe ; un sac, une veste ; un sac à doc ; un pull ; une (mini-)jupe ; un t-shirt

Individuelle Antworten

Seite 65
Cet ensemble te va bien.
Je voudrais/veux essayer ce pantalon dans une autre taille.
Cette jupe n'est pas chère et elle est très tendance.
Ce sont les soldes.

Cette cabine est libre ?
Cette voiture a quelles options ?
La voiture a passé le contrôle technique ?
On peut discuter le prix ?
La voiture a quels avantages ?

Je peux payer par carte, par chèque, en espèces.

Lektion 10

Seite 71
se fâcher ; se dépêcher ; s'habiller ; se baigner ; se reposer ; se lever

1. L'éo se lève. 2. Il s'habille. 3. Il se dépêche.
4. Le bus s'arrête. 5. Léo s'énerve.

Seite 72
devant ; derrière ; à côté ; sous ; sur ; entre

Maskulinum: le Brésil, le Danemark, le Luxembourg, le Portugal
Femininum: l'Allemagne, l'Autriche, l'Australie, l'Espagne, l'Italie, la Belgique, la Hongrie, la Suisse
Plural: les Etats-Unis, les Pays-Bas

Individuelle Antworten

Seite 73
louer des vélos ; faire équipe ; réserver un hôtel ; se renseigner à l'office du tourisme

ein Stau = un bouchon ; wie geplant = comme prévu ; zu Fuß = à pied ; sich ausruhen = se reposer ; Spaß haben = s'amuser ; eine Autobahn = une autoroute

1. février ; 2. (mars/)avril ; 3. juin/juillet/août ; 4. août/septembre ; 5. octobre ; 6. décembre

Bildquellen:
Corbis, Düsseldorf: U1.7 (Owen Franken); U1.10 (C.Fleurent/photocuisine); U1.14 (ANNEBICQUE BERNARD/ SYGMA) - Corel Corporation, Unterschleissheim: U4.5 - Fotosearch RF, Waukesha, WI: U1.6 (Corbis RF) - Grand Lyon, Lyon Cedex 03: U1.13 (J.Leone) - iStockphoto, Calgary, Alberta: U1.1 (dirkr); U1.5 (Jacques Croizer); U1.9 (Ekspansio); U1.12 (naturaledge); U4.1 (chris brink); U4.7 (Jacques Croizer); U4.9 (Georg Winkens); U1.11 (Thomas Voss); U4.11 (Jacques Croizer); U4.12 (Kameel) - Klett-Archiv, Stuttgart: U1.3; 13.4 (Bernd Binkle); U1.4; 13.1; 13.2; 13.3 (Sonia Blin); 13.6; 13.9 (Patrick Dembski); 13.5; 13.7; 13.8; 50.1; 50.2; 50.3; 50.4; 50.5 (Edouard Hannoteaux) - OFFICE du TOURISME et des CONGRÈS, Nice CEDEX 4: U1.2; U1.8 - shutterstock, New York, NY: U4.2 (Aleksejs Kostins); U4.3 (Stefano Tiraboschi); U4.4 (pmphoto); U4.6 (Stephen Coburn); U4.8 (Knud Nielsen); U4.10 (RF/Alexey Stiop)

- Enthält alle Lernwörter aus *Génération pro – niveau débutants*
- Enthält Aufgaben zum selbstständigen Ordnen und Strukturieren des Wortschatzes
- Eignet sich besonders für die Wiederholung

ISBN 978-3-12-**524474**-0
9 783125 244740